JINGJIXUE
FENXI

经济学分析

王东京 著

人民出版社

序　言

　　两年前我的《经济学笔谭》与《经济学反思》出版，读者面前的《经济学分析》是该系列的第三本。不同的是，前两本侧重介绍和质疑经济学原理，而本书则是用经济学原理对经济活动变化作推测。推测未来可能出现而今天尚未出现的变化，出错的概率大，从这个角度看，本书的写作对我来说无疑是一次历险。

　　是的，经济学推测未来不能望天打卦，要用学理作分析。然而经过200多年发展，经济学已经流派林立，而且许多理论命题并未得到事实证实，这样选择用何学理框架作分析工具本身就是一个难题；另一方面，推断未来需要约束，约束条件差之毫厘，推断会失之千里。这是说，推断经济变化不仅要选对理论，也要找准约束，而要找准约束条件，就必须对真实世界作深入了解。

迄今为止，经济学家推断未来无非是用两种方法：一是归纳推理，即通过观察大量事实提炼带有普遍性的规律；二是演绎推理，即前提与结论之间具有必然联系的推理。我推断未来倾向用演绎推理，因为归纳推理依据的是经验事实，而经验事实已成历史，历史可昭示未来，但不会简单重复。相对而言，演绎推理应该更可靠些。

本书是近两年我在《学习时报》的专栏文章结集，虽是针对经济热点写，而重点却立足于学理解析。要说明的是，阅读本书需要有一定的经济学基础，前年《经济学反思》出版后有读者说不太好懂，其实，当初写作时我已预料到这一点。问题是经济学是一门科学，倘若没一点基础，理解起来当然会有困难。我再次建议：读者可先读《经济学笔谭》，然后再读《经济学分析》。

写了20多年专栏，无论读者的鼓励还是批评，于我皆弥足珍贵，也是我能将专栏写下来的动力。这些年来，但凡读者反映不好懂的文章，我会检讨自己的行文逻辑；而对读者不认同的观点，更会反复推敲斟酌。平心而论，自己不是一个固执的人，只要读者的批评有道理，绝不文过饰非。我这里想说的是，如若读者对本书的观点有质疑，也恳请指出来，我愿洗耳恭听。

最后再说几句感谢的话：感谢《学习时报》许宝健社长多年来对我专栏的重视与关照；感谢人民出版社总编辑辛广伟先

生，若不是他的敦促，本书不会这么快面世。曹春博士的学术素养和职业操守令人尊重，这样的编辑可遇不可求，有感于此，我这里要特别向曹春博士拱手致谢！

王东京

2018 年 10 月 20 日于北京大有庄

目　录

提　要

经济改革逻辑

改革 40 年回望

城市改革从国企下手可谓神来之笔。企业乃国民经济的细胞，改革国企其实就是改造经济的微观基础。经济基础决定上层建筑，基础变了，国家的经济体制当然要变。事实上，从 20 世纪 80 年代初起政府就不断给国企松绑扩权。政府之所以这么做，说到底是国企改革倒逼的结果。从这个角度看，国企改革的意义并不只在搞活国企，同时也是启动整个经济体制改革的点火器。

政府改革的选择

政府改革应先改"审批"再改"机构"，绝不能倒过来，否则会劳民伤财、事倍功半；改革审批不是完全不要审批，有关国家安全与公共服务的项目，该审批的还得审批，但审批过程要有监督，能公开的一律公开；至于取消哪些审批要由中央顶层设计，不能由审批者自己定。

论财政倒逼改革

财政加大投入可以推动改革，而事实上财政减少投入或不投入也可推动改革，此判断的潜台词是目前财政有些投资超越了政府职能，减少投资或不投资是回归政府职能。显然，政府职能回归是改革；而对原来的投入对象来说，此举则是倒逼改革。

市场均衡与非市场均衡

政府调节供求可形成非市场均衡，但并不等于政府可以改变供求规律。就像人类可利用"水平规律"蓄水发电，但却改变不了水平规律。同理，政府调节市场也只能利用供求规律，不可能改变供求规律。引申到政策层面，含义是政府若不希望某商品价格过高，可取之策是增加供给，而非限制价格。

凯恩斯理论何以失灵

凯恩斯《就业、利息和货币通论》的三大立论基础，其中两个已被动摇。基础被动摇，整个理论大厦当然会坍塌。不过尽管如此，我认为评价凯恩斯《通论》还是要讲两句话：一是《通论》对医治萧条曾发挥过积极作用，不然就解释不了西方国家为何一度将此奉为国策；二是从现实看，由于《通论》的立论基础已不成立，对凯恩斯理论绝不可照抄照搬。

国企怎样去行政化

将国企高管纳入行政系列管理既是一种低成本激励，也是政府的特有机制。经济学说，人的行为都要追求最大化利益。这里的利益不单指货币收入，也包括行政级。比如近几年国企高管限薪后为何仅有少数人跳槽而多数人不离开？说明在薪酬与职级之间多数人更看重的是职级。既如此，又何必取消国企的行政职级呢？

乡村振兴评点

我看乡村振兴战略

可从两个角度理解乡村振兴战略的深意。从近期看，解决"三农"问题是实现全面小康的关键，决胜全面小康当然需要振兴乡村。从长远看，则是引导、支持城市资本下乡，推进农业农村现代化；并通过振兴现代农业确保国家粮食安全。这后一点尤为重要，中国是全球第一人口大国，如果中国人的饭碗不能牢牢端在我们自己手中，后果会不堪设想。

"三变"改革的学理解释

"三变"改革的核心要义是增加农民资产性收入。而要增加农民资产性收入，前提就得让农民有资产。从这个角度看，我们就不难理解政府为何要推动"资源变资产"了。是的，政府的用意很明显，将资源变资产不仅可盘活农村资源；更重要的是，只有将资产确权给农民，资产才能变股金，农民才能变股东。

"三变"改革的价值

"三变"改革的妙处，在于它立足扩大资产增量，而不是抽肥补瘦。资源变资产，是将过去没有效益的资源变为可盈利的资产。举六盘水的例子，"三变"改革前，六盘水有大量林地和水域闲置，而且农民的承包地与房屋皆无完整产权。"三变"改革将其确权给农民后，农民不仅可用土地、房屋入股，还可用树木、河流入股，如此一改，农民就有了自己的资产。

扶贫当从供给侧发力

从需求侧扶贫，针对的是消费需求。如贫困户缺房子，政府就提供房子；贫困户缺粮食，政府就提供粮食。与需求侧扶贫不同，供给侧扶贫是帮助贫困户发展生产，立足于"造血"。政府主要做三件事，一是为农民的资产确权；二是通过"平台公司"投资农村基础设施，推动农民的资产升值；三是引导农民入股龙头企业，通过规模经营增加农民的资产性收入。

搬迁扶贫的困局

搬迁扶贫要分轻重缓急，一步一步来。我的看法，政府首先要做的是帮助农民就业，让他们有新的收入来源，待解决温饱后再帮助他们建住房。理由简单，因为帮助就业是"造血"，属生产性扶贫；而出资建房是"输血"，属消费性扶贫。虽然两者都是扶贫，但效果大不一样。两利相较取其重，先解决就业才是明智之举。

绿水青山的盈利模式

美丽乡村的生态环境是可帮助农民致富的。何为美丽乡村？简单说就是要望得见山，看得见水，记得住乡愁。问题是美丽的山水、乡愁如何协助农民致富？这里的关键，是要有办法将美丽乡村的看点变成卖点，将山水和乡愁转换成农民收入。若非如此，对农民来说，绿水青山就成不了金山银山，农民也就不会有保护生态的内生动力。

论耕地流转问题

对耕地经营权不能抵押，多年来我一直有疑惑。政府当初作此规定，据说是因为农民没有耕地所有权。令人不解的是，我国法律明确规定资产使用权与收益权可以用于抵押，如国有土地的使用权就可抵押贷款；而工商企业的特许经营权、高速公路收费权等也都是银行认可的抵押物。既然国有土地和工商企业的经营权可以抵押，为何农民耕地经营权不能抵押呢？

推进供给侧改革

勿误读供给侧改革

有人认为，供给侧改革的目标就是"三去一降一补"。言下之意，只要完成了"三去一降一补"改革便大功告成，可以鸣锣收兵。其实这是一种误解，"三去一降一补"只是供给侧改革的近期任务，长远目标则是建立供给适应需求变化的体制机制，实行供需动态平衡。

应该怎样去库存

去库存的关键是放开价格，让价格不仅真实反映供求，而且要让价格在资源配置中起决定作用。时下有一种看法，认为供给侧结构性改革就是政府调结构。我不赞成这观点。顾名思义，所谓结构性改革重点在改革，是要通过改革资源配置机制调结构而不是政府调结构，否则就会重蹈过去计划经济的覆辙。

收入消费悖论

从短期看，一个人的消费有可能大于其收入；但从长期看，消费终归还是由收入决定。于是弗里德曼提出了"持久收入假说"。不过此假说却有一个难题，它解释不了美国 2008 年发生的房贷危机。照持久收入假说，消费者按持久收入消费，银行按客户的持久收入贷款，请问怎会出现房贷危机呢？

追问拉弗曲线

理论上最佳税率应该存在，但在实际操作层面却无法确定。拉弗曾分析说，当税率为零时，政府税收是零；而当税率为 100% 时，政府税收也是零，故他认为最佳税率在零与 100% 之间。这分析肯定没错，可在零与 100% 之间具体怎样确定他却没明说。为何不明说？不是他不想说，而是他也不知道。

降成本的另一思路

对企业来说，固定资产投资木已成舟，无疑是历史投资；而且企业如果不清盘拍卖，固定资产也无法变现，即便能变现也无法足额收回。这样看，固定资产投资显然具有"沉没成本"的性质。固定资产投资已经沉没，而经济学说"沉没成本不是成本"，既然不是成本，固定资产折旧也就不该进成本。

政府怎样补短板

竞争性领域补短板交给了市场，那么哪些短板需要政府补呢？原则上讲，凡是市场不能补的短板都得由政府补。市场并非万能，至少在三个领域通常会失灵：一是公共品或公共服务领域；二是经济存在外部性的领域；三是收入分配领域。这是说，以上三个领域若存在短板，政府就责无旁贷，要承担起补短板的职责。

创新驱动的难点

创新的动力

增强创新动力，重点是在政府与企业。政府是体制创新主体，而且体制创新要服务于科技创新。增强国企的创新动力，我认为关键是要让国企高管有动力。有两招：一是将技术创新（如研发投入）作为企业绩效考核的重要指标；二是对高管采用"工资＋期权"的薪酬机制：工资与年度绩效挂钩，期权与整个任期的创新收益挂钩。

产业升级的秘密

企业一旦拥有了定价权，争取超额利润就无需降成本，企业也就不必去提高有机构成。相反，由于市场上存在众多潜在竞争者，为了维护定价权，企业会不断加大创新投入，让产品向更高的技术层面升级。所以产业升级路径取决于定价权，企业没有定价权会向资本密集型升级，而有定价权则升级为技术密集型。定价权来自独特技术，要实行跨越式升级，前提必须有独特技术。

比较优势并非陷阱

将比较优势视为发展中国家的陷阱？是学者对李嘉图的"比较优势"理论的误读。"陷阱"论者说，劳动力成本低是发展中国家的比较优势，发展中国家若按比较优势分工只能生产劳动密集型产品。显然这一推论的前提是错的。要知道，发展中国家劳动力成本低，那是与发达国家相比。李嘉图说得清楚，与别人比的优势是绝对优势，不是比较优势。

风险、不确定性与创新

创新具有不确定性，决定了它可能出现的损失不能通过"合并"规避。既然不能"合并"，那么就只能"分散"。问题是怎样"分散"呢？我想到的是"有限责任公司"。事实上，公司的作用不单是集中资本，更重要的是分担"盈亏"。巴特勒说，公司是近代最伟大的发明。此话不错。工业革命以来全球共有160多种重大创新，其中80%都是由公司完成的。

企业何以存在

要素所有者同意组建企业，一定有共同的目标，否则不会同意合作。这个共同目标是什么呢？我认为不是科斯所说的节约交易成本，而是追求规模经济收益。经济学的资源稀缺假设是指人的生命有限，要素所有者要在有限时间里争取自己最大化收益，就必须实行要素整合。只有将要素整合成企业，才可能取得规模经济收益。

让市场作主

论外部性问题

理解和解决负外部性问题有三个重点：第一，出现负外部性的原因并非市场失灵，而是由于政府缺位；第二，当存在负外部性且产生较高交易费用时，政府应出面界定产权；第三，若某投资存在正外部性，即便不产生交易费用政府也需为投资者界定权利。

科斯定理的疑点

如果界定产权的交易成本为零，科斯定理似乎成立。但应指出的是，交易成本为零只是个理论假设，在真实世界交易成本不可能为零。当交易成本不为零时，产权可根据交易成本的高低界定。然而值得追问的是，根据交易成本高低界定产权，市场真能引导经济达到高效率么？我想到的答案是"不确定"。

社会收益何以内化

经济学应该关注投资的正外部性问题，而解决正外部性的唯一法门是将社会收益内化为企业收益：当社会收益没有确定的受益人时，政府不能袖手旁观，可通过相应的经营授权（如 PPP 模式）推动社会收益内化；当社会收益有确定的受益人时，政府应引导投资者与社会收益的受益人进行股份合作，同时要保护产权，营造公平合作的投资环境。

投票悖论与公共选择

面临公共选择，人们往往想到的是投票，认为只有投票才能保证结果公正。投票确实是民意表达的一种方式，若供选方案和投票者不多，需投票表决当然可以投票。不过我要强调的是：公共选择不能只靠投票。民意表达其实有多种方式，除了投票，民主协商也是重要方式，且更符合中国国情。

投票与协商的边界

从收益与成本两个维度看，协商皆优于投票，那么公权领域的民主是否都应协商？原则上应该是。不过此推断暗含了一个假设，即公共选择皆需体现公意。可真实世界并非如此。多数公共选择事关公共利益需体现公意；但也有少数公共选择无关公共利益，只需体现众意。所以我的观点：需体现公意的选择必须协商，只需体现众意的选择可以投票。

流行的误解

资源稀缺与生命有限

　　资源稀缺假设不是指世上所有资源皆稀缺，而是指人的生命有限。一方面人的欲望无限；另一方面由于人的生命有限，有生之年的劳动时间有限，导致生产用于交换的商品有限，于是有效需求（货币购买力）有限，这样才使得人的欲望与需求之间出现了缺口。

中国农业后继无人乎

　　这些年农村青壮劳力皆纷纷进城务工，留守的大多是老人孩子。长此以往，中国农业会不会后继无人？于是有专家出主意说：要从娃娃抓起，在中小学植入农业内容，引导学生对农业的兴趣；要对青年农民进行职业培训，培育更多的种田能手；要用优惠措施吸引部分进城人员返乡。这三条不能说不对，但隔靴搔痒，不过是治标而已。我们这代人，中小学差不多都应该学过农吧，可长大后谁不想跳"龙门"？而当下的年青人不务农，也并非缺乏职业培训那样简单，归根到底是种地收入低。

政府为何热衷征地

　　中国乃人口大国，18亿亩耕地必须守住。可现在的问题是，究竟让谁去守合适？国务院是希望地方政府帮助守，说实话，我觉得那样有点"玄"，未必靠得住。当下耕地强征事件时有发生，民怨沸腾，请问哪一件地方政府脱得了干系？所以让地方政府守耕地，就好比是让老鼠去守油瓶。有自身利益在，谁能保证不会出现监守自盗？

股市为何测不准

股市假若能被测准，你认为还会有股票交易么？我认为不会有。股票若测准上涨，人们就会买入，不会有人卖出；若股票测准下跌，大家就会卖出，不会有人买入。倘如此何来股票交易呢？是的，股票市场不同于商品市场。商品市场交换的是不同商品，而股票市场交易的是同质资产。同质资产之所以有交易，原因是人们对未来收益有不同的预期。

经济周期说存疑

今天学界大行其道的经济预测，依据是经济周期。我要指出的是，经济活动的主体是人，人的行为不可能简单重复。这是说，对人的行为选择要根据学理逻辑作推测，而不应迷信用历史数据作预测。世易时移，人的行为会因时而变，比如人类对生态环境的重视程度，工业化前后就大不一样。再说，未来具有太多的不确定性，哪怕用大样本数据作回归分析，结论的可靠性也不大。

搭便车是个假问题

不同学者对"搭便车"有不同的解释，但各种解释的含义大同小异。大致是说：有人未支付成本却获得了由他人支付成本所带来的收益，或者支付较少成本，获得了与自己支付成本不对称的更多收益，而由于这种"搭便车"现象的存在，往往导致市场失灵。我的观点是，"搭便车"是个假问题。虽然人们会有"搭便车"的想法，但想法归想法，真实世界不可能容许这现象存在。天下没有免费午餐，只要不限制竞争，没有人可以长期"搭便车"。

供求原理示例

金融其实很简单

当人们要以钱赚钱时，金融在技术层面的确会变得很复杂。为规避风险，今天"概率论"、"博弈论"等高深数学皆已引入金融教材。不过我要指出的是，风险通过计算可以规避，但"不确定性"却无法计算，更无法规避。何以如此？我推荐一本书，大家去读读奈特的《风险、不确定性与利润》吧。

金融何以脱实向虚

金融脱实向虚，是投资虚拟经济的收益高于投资实体经济的收益所致。而虚拟经济收益高于实体经济，原因有三：一是资本不能自由流动；二是金融杠杆推波助澜；三是资产证券化。理解了这三点，怎样治理金融脱实向虚则不言自明。

稳定房价只需一招

征房产税对人们预期会有影响，但也不能作过高估计。早在五年前上海就启动了房产税试点，可今天房价照样涨。为什么？原来，人们买房是为了炒房，击鼓传花，税可通过加价转出去。重症下猛药，关键一招是征遗产税。房最后在谁手里谁缴税，断了后路，对房产的预期必陡然逆转！

资产定价原理的启示

资产定价方法，看上去与消费品定价有所不同，然而透过现象看本质，两者皆由供求双方决定。费雪说，资产价格是资产未来预期收入的贴现。资产预期收入即为"资产使用权价格"，既然资产使用权价格是由供求双方决定，而贴现率（利率）相对稳定，由此看，资产价格其实也是由供求决定。

工资的本质及其推定

工资水平应由劳动力供求决定。近几年学界围绕法定最低工资标准一直在争论，我的观点，劳动力是一种生产要素，若让市场在资源配置中起决定作用，要素价格就必须放开。切不要以为提高最低工资是保护劳动者，同时也会对劳动者不利。比如某餐厅原本雇三人洗碗，每人每月3000元；但若将最低工资提高到4000元，雇主很可能只雇两人，另一人得失业。

共享单车与共享经济

目前共享单车遭遇困境，归根到底是盈利模式有缺陷。将共享单车与滴滴打车作对比，两者差别一目了然。滴滴打车也是共享平台，可出租车的所有权是分散的，车主能自己维护财产安全，监管成本相对低；而共享单车却由平台公司提供，监管成本当然会非常高，这也就是经济学所讲的"公地悲剧"。

域外观察与思考

经济学要有立场

无论瓦尔拉斯还是马歇尔，他们的著作都有立场，而且都是要掩盖阶级对立，为资本主义辩护。上世纪30年代经济大危机后，西方经济学走向分化，出现了众多流派。有人问：西方经济学家若代表资本家阶级利益怎会有流派之争？我的回答，流派之争只是主张之争：凯恩斯主张国家干预；货币学派主张经济自由。两派主张不同但立场却相同，皆是为了资本主义长治久安。

用事实验证理论

世界上没有绝对真理，而且理论是否正确必须用事实验证。若理论通过事实检验而未被推翻，理论就算暂时成立。但理论不是僵化的教条，实践在发展，理论也要不断接受实践检验，与时俱进。理论之树常青，说的就是这个道理。

中美贸易的走向

一个国家的经济结构演进有其自身规律，并不能由某个总统所左右。由此看，未来中美贸易走向也不取决于特朗普。即便特朗普限制进口，美国的经济结构也不会逆转。美国处在国际分工的高端，贸易自由对他们有利，何况限制进口会引发贸易战，美国不可能长期限制进口。

特朗普减税的前景

美国今天减税，日后必然加税。特朗普实施减税，目的是要吸引国际资本到美国投资。我们知道，国际资本流动不只取决于税率高低，同时还受原料产地、消费市场、用工成本等诸多因素的约束。而在这些方面美国并无优势，所以希望用低税率吸引国际资本的想法恐怕只是一厢情愿。

美国为何发动贸易战

我不相信美国发动贸易战是为了贸易平衡？对中国商品加关税能扭转美国的逆差么？美国对中国的逆差会减少，但不会改变美国对全球的逆差。理由简单，中国出口到美国的大多商品美国自己不生产，不从中国进口就得从其他国家进口。算总账，美国的逆差不会变。其实，美国最担心的是美元霸权地位被动摇。虽说目前人民币无法代替美元的地位，但美元霸权已岌岌可危，美国之所以大动干戈，其实是自己底气不足，心虚而已。

从教者说

突出问题导向

讲课所强调的问题导向，关键是要针对学员的困惑。具体讲有三方面：一是在讲题所涉领域学员目前尚未想到或者被忽视的问题；二是学员想到了但普遍存在疑惑与误解的问题；三是学员想到了而且也想对了，但不知道如何分析论证的问题。教员备课时不妨扪心自问，自己对以上三方面的问题是否清楚？若不清楚，你最好先去做调研，做完调研再写讲稿。

强化学理支撑

教员讲课注重学理分析，目的就是要引导学员运用学理指导实践。所谓学理，简单说就是反映客观规律的理论原理，是理论分析框架。如果我们能让学员懂得学理，学员也就掌握了规律与分析框架，今后遇到现实问题他们自己就可举一反三，自行应对。韩愈说：师者，传道授业解惑也。这样看，加强讲课的学理支撑正是我们教员的职责所在。

谈讲课艺术

讲课艺术并不神秘，不过由于人们审美情趣不同，对何为讲课艺术难有统一的标准，但依我多年做教员的经验，有三条我认为最要紧：1.三个清楚：即想清楚、写清楚、说清楚；2.深处求新，浅处求胜，通俗地讲就是深入浅出；3.掌握节奏，推动互动。字面看，这三条简单得令人吃惊，但要做到出神入化却非一日之功，需反复操练。

说名师

人们常常把教师称为人类灵魂的工程师，教师既不盖房子，也不画图纸，怎会如此形容教师呢？我的理解是这样：古人讲，修身齐家治国平天下。意思是说，欲治国，先修身。而教师教书育人，为人师表，当然要在品德方面成为标杆。尤其是名师，让人仰望的应不止于学术，更是燃烧自己照亮别人的品德，其所求，是凡人难以企及的，如奉献；其所不求又是凡人难以割舍的，如功利。名师的学问也许会被后人追赶，但品德却难以被人跨越。

论师道尊严

对"师道尊严"的理解，见仁见智，大家可以有不同的解读。所谓"一日为师，终身为父"，原则上我是同意的；但作为教师，"尊严"我认为得靠自己树立，而且"尊师"也绝非是要让学生俯首帖耳，唯命是从。历史上，孔子就曾主张教学相长，鼓励学生"当仁，不让于师"。而韩愈也讲，师生本是"无贵无贱，无长无少"，彼此平等。这样看，若把"师道尊严"看作教师高高在上、一言九鼎，学生只能绝对服从，那么恐怕就曲解"师道尊严"的含义了。

经济改革逻辑

改革 40 年回望

　　1978 年是中国改革元年，该年 12 月，党的十一届三中全会提出全党工作重点转移到经济建设上来。当时我还是中学生，不完全理解这一转移有何深意；更想不到日后会给国家带来怎样的变化。于今回首，改革 40 年沧海桑田，中国的经济成就举世瞩目。要不是身在其中，恐怕不容易明白炎黄子孙何以创造今天这样的奇迹。

　　说中国经济是奇迹绝非夸张。要知道，1976 年"文革"结束时国民经济已滑到崩溃边缘。1978 年改革开放，百废待兴，不承想仅用 30 多年时间，我们的经济总量就超过了欧洲所有的先进之邦，直逼美国，成为全球第二大经济体，请问不是奇迹是什么？中国历史上远有"文景之治"与"贞观之治"，近有"康乾盛世"，但今天这种快速赶超的故事历史却不曾出现过。自己跟自己比，也是奇迹了。

作为改革的见证人，我自己有亲身感受。1979年秋我考入中南财经大学，入学后不久学校就发给我们布票、粮票、糖票等各类票证。今天的大学生不会明白为何发这些票证，那时候物资供应非常紧张，买商品一律凭票。记得武汉那年的冬天特别冷，我想买件棉大衣过冬，可学校发的布票不够，三个人加起来才能买两件。当时我很不解：中国地大物博，可为何买件棉大衣还要凭票呢？

所幸的是这种状况很快有了转机。过了两年，由于纺织品与食品出现积压，商店不再收布票和粮票，虽然国家未取消票证，但大多票证皆已名存实亡。这中间到底发生了什么事？原来，安徽小岗村农民搞土地承包得到了邓小平的肯定，消息传开，全国八亿农民一呼百应，当年粮棉就获得了大丰产。1981年寒假我回湖南老家，家父告诉我，土地承包后家里打下的粮食除了交足国家和留足集体的，自家剩下的足以温饱无忧。

是的，这就是土地承包的威力，中国的改革也就由此拉开了帷幕。到1983年，改革开始向城市延伸，重点是改革"国营企业"，那时国企不仅归国家所有，而且由国家直接经营：生产照国家计划；产品由国家统购包销。受体制的束缚，国企普遍没有活力。为了搞活企业，起初也是引入承包制，之后又搞股份合作制，再后来中央提出建立现代企业制度。

这里要说的，是国企改革不同于农村改革，农村改革重点是所有权与经营权分离，而国企改革不单是两权分离，同时还需减员增效。1992 年初《经济日报》刊发《砸三铁，看徐州》的文章，一度引起轩然大波。所谓砸三铁，是指取消国企的铁饭碗、铁工资、铁交椅。那时候人们对"三铁"看得重，反对的声音此起彼伏。于是国务院审时度势，用"下岗分流"代替砸三铁，并设立三道保障线。这样下岗职工有了保障，改革终于有惊无险。

回头看，城市改革从国企下手可谓神来之笔。企业乃国民经济的细胞，改革国企其实就是改造经济的微观基础。经济基础决定上层建筑，基础变了，国家的经济体制当然要变。事实上，从上世纪 80 年代初起政府就不断给国企松绑扩权。政府之所以这么做，说到底是国企改革倒逼的结果。从这个角度看，国企改革的意义并不只在搞活国企，同时也是启动整个经济体制改革的点火器。

国企改革一方面倒逼政府改革；另一方面，也推动了劳动力市场开放。改革开放前，政府对劳动力流动有非常严格的限制，不要说城乡之间流动，就是城市之间流动也不容易，那时对"流动人口"有一个带有贬义的称呼，叫"盲流"。然而国企改革启动后渐渐有了变化：搞活国企需要减员增效，减员增效需要分流职工，下岗职工再就业又必须允许劳动力流动。这样到 1993 年召开党的十四届三中全会，中央明确提出开放劳动力市场。

读者不要小看了劳动力市场。劳动力是最活跃的生产要素，一旦流动起来就会带动资本、技术、管理等要素流动。1993年后非公经济异军突起，劳动力市场功莫大焉。我有位学兄，1988年办了停薪留职，先是自己倒腾买卖，劳动力市场开放后便招兵买马办企业，他从国企分流人员中招聘的员工，有人懂技术，有人懂管理，有人携资入股，不出几年企业就办得红红火火，上世纪末在香港成功上市。

1992年，是中国改革的又一重要节点。在此之前，理论界虽然已就中国能否搞市场经济展开讨论，可大家的意见很不一致，读者一定还记得当时"有计划"与"吴市场"之争。这年春天，邓小平发表南方谈话，指出"市场经济不等于资本主义，社会主义也有市场"。邓小平一锤定音，后来在党的十四大报告中，中央正式提出改革目标是建立社会主义市场经济体制。

要建立市场经济体制，价格改革绕不开。早在1988年，政府就曾试图通过"价格双轨制"进行价格闯关，可那次闯关并不成功。相反，由于同一商品存在计划内与计划外两种价格，结果导致寻租泛滥，民怨沸腾。党的十四大后政府调整策略，将商品价格逐一放开，到2010年95%的商品改由市场定价；而且要素市场也同步开放，形成了"劳动、资本、技术、管理等要素按贡献分配"的格局。至此，市场经济体制已基本建立。

　　党的十八大以来的 5 年，改革全面提速升级。随着中国经济进入新常态，习近平总书记提出了贯彻新发展理念与推进供给侧结构性改革的思路。改革效果已经开始显现，无需我细说。要特别提点的是，供给侧结构性改革不同于以往政府调结构，重点是通过改革让市场在资源配置中起决定性作用和更好发挥政府作用。近期任务是"三去一降一补"；长期目标，则是建立供给不断适应需求变化的体制机制。

　　写到这里，我想再说说中国改革的经验，主要有三点：一是坚持党领导改革，走共同富裕道路；二是坚持生产力标准，尊重群众首创精神；三是坚持改革发展稳定并重，统筹协调三者关系。学界有一种观点，说中国是"渐进式改革"。若"渐进"指"稳健"我同意，不过从改革进展看，我们的步伐并不慢。近距离观察 40 年，我要站起来为中国改革叫好！

政府改革的选择

时下学界有一观点，认为相对于国有企业改革，政府改革滞后了。若从时间序列看，这其实不是事实。事实是，政府改革与国企改革于上世纪 80 年代初同步启动。不是吗？当年国企改革最引人注目的举措是"扩大企业自主权"，说白了，就是政府放权让利、给企业松绑。这样从时间节点看，怎能说政府改革滞后呢？若与经济体制转轨相比，实际也是政府改革在先，中央明确提出建立市场经济体制是 1994 年，而政府改革比这差不多早了十年。

若说政府改革滞后不是指改革时间而是指效果，我赞成。回顾以往的政府改革，动作较大的有七次，且重点皆是改机构。所以这么做，初衷是想"撤庙赶和尚"逼政府瘦身。然而效果却让人遗憾，机构不仅未明显消肿，而且有些部门的人员还不减反增。何以如此？我曾说过，根源在行政审批。这些年政府改革的经验表明，有审批权与没审批权的部门比，前者人员精简要难得多：一是搞审批要有人手；二是审批权背后有利益，利益所系，当事者当然不愿被精简。

近来媒体纷纷预测，说新一轮的官员"下海潮"即将来临。既然大家都这么看，不应该是空穴来风吧？"下海潮"到来的确切时间虽说不准，但苗头已可看得出。起因是前年底中央政治局颁布"八项规定"，而去年在全党开展的"教育实践活动"对官场进行整肃，享乐与奢靡之风已成过街老鼠，人人喊打；跟着中办、国办又对职务消费与公务接待作了严格限定。有官员说，如今已"官不聊生"，此说法虽有夸张，但今天的官员不如从前过得滋润倒也是事实。

前些天一位在国家部委工作的朋友来访，一见面这位仁兄就大发感慨，说最近到南方出差苦不堪言。我问何故？他说：以前出差到外地都有车接车送，吃、住、行安排无微不至；可现在呢，到了地方既没车接，酒店也要自己住，对方只招待一顿工作餐，其余都得自己管。我明白他的感受。这大概就是所谓的"由奢入俭难"吧！是的，过去"京官"到地方公干，地方接待往往隆重其事，前呼后拥；而今天一切皆自理，前后反差太大，感觉不适应也是自然。

不适应归不适应，不过看中央高层的决心，这情形恐怕今后会成为常态。不仅是公务接待与公务消费，将来公务员的社会地位也会大不如前。不知是否与此有关，据人社部透露，今年报考公务员的人数比去年减少了 **36.09** 万。对此媒体议论纷纷，而我的看法，人们不愿报考公务员或现有公务员有人要弃官另谋职业，并非坏事，尽可悉听尊便。国人"官本位"观念由来已久，现在有这种转变实属不易。无心插柳，可看作是中央出台"八项规定"的意外收获，用不着大惊小怪。

然而想深一层，公务员特权被限制，政府改革是否就可大功告成？我想事情不会那么简单。限制特权肯定对精简机构有助，但仅此并不够，关键还在审批权。官员明里的特权被限制了，可若行政审批不改，暗里的权钱交易还会有。虽说腐败有党纪国法管，问题是权钱交易很隐蔽，法网恢恢也难免百密一疏。有漏网之鱼，自然就有人心存侥幸而去铤而走险。试想，这些年中央反腐的力度不谓不大，可为何权钱交易仍屡禁不止？说到底，直接或间接都与审批权有关。

据我所知，以往很多人挖空心思进政府机关，福利待遇相对高是一方面；而更看重的还是审批权。明显的，比公务员工资福利好的职业多的是，为啥千军万马要挤独木桥？原因无他，不过是指望日后能掌握审批权，只要审批权一旦在手，便可呼风唤雨。想当年，大学毕业后不少同学选择进机关，私下里交流，差不多都是这想法。再说，中国自古就崇尚"学而优则仕"，若"读书做官"是为了实现报国抱负无可厚非；但也不排除有人是冲着"官本位"去的。所谓"官本位"其实就是"审批权"本位，要是没有审批权，皮之不存何来"官本位"？

　　说我自己的一件往事。20 世纪 90 年代初，那时我还在人民大学读博，而有一同学已在国家机关做了处长。有一年春节我们一同坐火车回老家，到长沙站后我担心赶不上回乡下的长途汽车，就随人流往外挤，那同学拽住我说："别跟老百姓挤"，我说："我就是老百姓呀！"他说："你一个博士，注意点风度。"没办法，我只好陪他讲风度了。等别人都出了站，我们走到出站口就看到有人举着"接国家某某部某某处长"的牌子，我才恍然大悟，原来他讲风度是有车接他。那天我搭他的便车，一路上感慨万千：大家都说尊重知识，可我一个博士，为何有车接他没车接我呢？

　　原因不必说，他有审批权而我没有，人家接我做甚？自此我明白了一个道理，若行政审批制不改，机构改革会阻力重重。事实确也如此，看看这些年的机构改革，哪一次不是雷大雨小？仅"大部制改革"就搞了两回，可人员又精简了多少呢？想想也是，官员不比企业员工，大权在握，要精简官员谈何容易！所以我有个判断，除非中央大手压缩行政审批，将审批制改为备案制，让官员无以再以权谋私，不然机构改革会旷日持久，无论怎么改都是新瓶装旧酒、换汤不换药。

　　最后我提三点建议：第一，政府改革应先改"审批"再改"机构"，绝不能倒过来，否则会劳民伤财、事倍功半；第二，改革审批不是完全不要审批，有关国家安全与公共服务的项目，该审批的还得审批，但审批过程要有监督，能公开的一律公开；第三，取消哪些审批要由中央顶层设计，不能由审批者自己定。本来就是与虎谋皮，将选择权交给审批者是啥结果我不说相信大家也知道。

论财政倒逼改革

看题目读者应该能想到我要说什么。中国改革开放 40 年，作为改革同路人我也跟踪研究了 40 年。一路观察思考，对财政投入有了这样一种看法：政府加大财政投入可以推动改革；减少投入甚至不投入也可推动改革。骤然听这看法似乎自相矛盾，若仔细想其实并不矛盾，下面就说说我的思考吧。

先从大家普遍关注的两件事说起：

第一件事是"僵尸企业"。三年前习近平总书记提出了供给侧结构性改革，指出近期任务是"三去一降一补"，特别强调要加快处置"僵尸企业"。落实"去产能、去库存"，当然首先要清理"僵尸企业"。起初我的困惑是，国内为何会有大量"僵尸企业"存在？既然企业已经资不抵债，而生产已又处于停产、半停产状态，这样的企业照理早该依法破产，可为何至今未破产呢？

前年到南方某地市调研，在一次座谈会上我提出了这个问题，当地国资委一位负责人解释说，让企业破产不难，难的是短期内无法安置下岗职工，弄不好会引发职工集体上访事件。迫于无奈，政府只好给这种半死不活的企业继续输血。我恍然大悟，"僵尸企业"得以存活原来背后是有财政补贴。当时我就想，要是财政停止输血让企业破产，即便财政为所有下岗职工提供生活保障，花钱也比支撑一个扭亏无望的企业少得多。正是在此意义上，所以我说财政不投入也是推动改革。

第二件事是"产学研脱节"。据公开数据说，政府科技投入在整个财政预算中占比超过了7%，连续六年科技专利申请平均近百万项，其中获得专利授权的每年有近20万项。然而令人遗憾的是，专利成果的市场化率却不足7%，产业化率更低，约5%。问题出在哪里？我曾走访过几家科研院所的专家，虽然他们各自研究领域不同，但答案却惊人相似。这答案我之前没想到，读者也未必能想到。

是何答案呢？说来简单，原来是现行科技投资体制所致。我国科研院所多如繁星，而且大多是事业单位，国家不仅拨课题经费，而且还给发工资。研究人员衣食无忧当然不会去关心成果转化。设想一下，假若财政只对基础理论研究和关系国家安全的重大颠覆性技术研发加大投资，而将民用技术研发交给市场，财政不再给钱资助。如此一来，这类研发机构是否会重视成果转化？当然会重视。这样看，财政断奶也是推动改革。

上面说的是两件具体事，由此推及一般，财政到底应在哪些领域加大投入而在哪些领域减少投入或不投入呢？理论上讲，财政是否投入要看政府职能如何定位。经济学认为，市场经济条件下政府职能有四项：保卫国家安全、维护社会公平、提供公共品（服务）以及扶贫助弱。这是说，以上四大领域，财政应该加大投入；而在四大领域之外，财政则应少投入或者不投入。

当然这只是个理论原则，落实到操作层面要复杂得多。比如四大领域具体包括哪些项目，我们就很难一一罗列，而且即便能罗列，人们也难免会有不同的看法。据我所知，前面我说财政不能为"僵尸企业"输血，学界就有人不赞成。有不同观点不要紧，真理越辩越明，现在要紧的是尽快对这一问题展开研究，并把不同观点亮出来，让决策部门参考。

再接着说我的观点。财政投入应该怎样进退？目前我想到的有以下几个方面，不过是一家之言，我姑妄言之，读者也姑妄听之吧。

首先，我想到的是生态环保。毫无疑问，生态环境属公共品，财政应该投入，但财政却不能大包大揽。时下流行的观点认为，环保必须由财政投入。这观点其实不完全对。环境恢复和治理需财政投入，但保护环境应主要靠市场。科斯定理证明，只要政府明确界定产权（如限定排放权），市场会将损害环境的社会成本内化为企业成本。这样财政不用花钱，污染也照样能控制。否则全由政府包揽，政府一边治理，企业一边污染，财政投入将是无底洞。

第二个方面是科技创新。财政当然要支持创新，不过对创新也应区别对待。说过多次，基础理论研究成果是公共品，需财政投资；国防军工技术和核心技术创新事关国家安全和国家竞争力，也需财政投资。但民用创新技术不同，其产品是商品，可通过市场取得收益，故此类创新无需财政投资。最近听说有地方用财政资金奖励科技成果转化。莫名其妙，成果既已转让，有市场回报财政何需再奖励？我认为这钱不必花。

第三个方面是扶贫。扶贫助弱政府责无旁贷，但财政扶贫有不同的角度：既可从需求侧投入，也可从供给侧投入。有不少地方干部反映，近几年财政从需求侧扶贫花钱不少，效果却不尽如人意，有的地方甚至出现了争当贫困户的现象。去年夏天我赴贵州六盘水调研，他们通过"三变"（资源变资产、资金变股金、农民变股东）从供给侧扶贫，财政花钱不多，短短三年却带动了30万人脱贫。由此给我们的启示是：需求侧扶贫要精准，财政切莫花钱养懒汉。

最后再作一点说明：我说财政减少投入或不投入也可推动改革，此判断的潜台词是目前财政有些投资超越了政府职能，减少投资或不投资是回归政府职能。显然，政府职能回归是改革；而对原来的投入对象来说，此举则是倒逼改革。

市场均衡与非市场均衡

让我先解释概念：非市场均衡是相对于市场均衡的一种状态。读者知道，市场均衡是指在价格机制作用下供给与需求保持平衡，市场得以出清；所谓"非市场均衡"，供求也保持平衡，但这种平衡不是由价格机制发挥作用，而是政府调节的结果。用一句话概括：非市场均衡是供求由政府调节形成的均衡。

我作此文要讨论两个问题：一是人类经济活动为何存在非市场均衡或者怎样看待非市场均衡？二是哪些产品供求需要政府调节？非市场均衡与市场均衡如何分工？要把这两个问题说清楚，我认为从分析"自然平衡"与"非自然平衡"入手会更容易理解。事实上，"非市场均衡"与"非自然平衡"道理相若，明白了后者，也就理解了前者。

说远一点，从自然秩序研究人类行为，先行者是亚里士多德。公元前 300 多年，他在《政治学》和《伦理学》等著作中就用自然秩序分析政治与伦理；中国的老子也是这方面的高人，提出"道法自然"就是强调人类行为要遵从自然法则；但若从经济学看，用自然秩序推出经济均衡的学者，则是重农学派代表人物魁奈。

何为自然平衡？通俗地讲，符合自然秩序（自然法则）的状态即为自然平衡。若读者觉得此定义过于抽象，我不妨用"水平规律"来解释。现在有两个相互连通的湖泊，两者的水位怎样平衡？有两种可能：若两湖水位相同，根据"水平规律"水会保持静止，不会流动；若两湖水位不同，水会从水位高的湖泊流向水位低的湖泊。这是说，水流动或不流动皆符合自然法则，故为自然平衡。

那么何为非自然平衡呢？非自然平衡是指通过人类干预达到的平衡。还是以水为例。某地有一河流，水位西高东低，按照水平规律，水会自西向东流动。可现在有人在河上修筑大坝建水库，水不再向东流动了，这种状态是否是平衡状态？我们说，这种情况并未改变水平规律，由于修筑了大坝，现在形成了一种新的平衡。不过这种平衡不是自然平衡，是非自然平衡。

解释了自然平衡与非自然平衡，回头再说市场均衡与非市场均衡。在某种意义上，市场均衡与自然平衡类似，共同点是两者都不存在外力干预。在分析水平规律时我说，两个湖泊的水位是通过水流动或不流动保持平衡。在商品市场上，"价格"就好比是湖中之水，供求也通过价格涨跌保持均衡。此点好理解，读者只要懂得"价格如水"，也就懂得了市场均衡。

难以理解的是"非市场均衡"。说过了，非市场均衡是政府调节供求形成的均衡。要追问的是：供求本可以由价格涨跌达到均衡，政府为何要出面调节？思来想去，我认为也可从非自然平衡中找到启示。长江发源于青藏高原，一路经云南、四川、湖南、湖北、江西等省市流入大海。此乃自然规律，可人们为何要在沿岸修筑大堤呢？答案是，若不修筑大堤，涨水季节会泛滥成灾。

这就是了，政府调节供求就如同修筑大堤，目的也是为了趋利避害。举个真实的例子。2008年汶川地震后食品严重短缺，当时有商贩将食品卖成了天价。按市场规律，食品涨价无可厚非，可灾民却因买不起昂贵的食品而怨声四起。逼不得已，所以政府要打击那些囤积居奇的商贩，同时又从各地紧急调拨食品增加供给。想问读者，你觉得政府当时这样处理有何不妥么？

或许有人说地震是特殊情况，一般情况下政府不应调节供求。我不同意这看法。请读者再看一个例子。早些年国内房供不足，加上炒房者推波助澜，市场一度形成涨价预期，而涨价预期又带动更多人炒房，如此恶性循环最终导致了金融脱实向虚。面对这一局面政府怎能不调控？其实今天房价回落，正是政府限制炒房的效果。

由此可见，非市场均衡的存在是因为某些产品由市场均衡有负作用，政府调节是要弥补市场均衡的缺陷。那么到底有哪些产品供求需要政府调节呢？在我看来有三类：第一类是事关国家安全的产品，如国防军工以及核心技术产品等；第二类是事关社会公正（或社会稳定）的产品，如地震时期的食品、服装等生活必需品；第三类是公共品与公共服务，如消费没有排他性的公共设施。

以上是从产品类别看。再往深处想，非市场均衡之所以存在，归根到底是它与市场均衡比，其交易成本相对低，不然供求是用不着政府调节的。其实，本文要讨论的第二个问题即非市场均衡与市场均衡如何分工，关键也决定于交易成本。为何说交易成本是决定两种均衡分工的关键？科斯1937年发表的《企业的性质》一文对计划与市场的边界作过分析，相信读者都看过，恕我不重复。

这里我要特别提点的是，政府调节供求可形成非市场均衡，但并不等于政府可以改变供求规律。供求规律只能利用，不可能改变。就像人类可利用"水平规律"蓄水发电，但却改变不了水平规律。同理，政府调节市场也只能利用供求规律，不可能改变供求规律。引申到政策层面，含义是政府若不希望某商品价格过高，可取之策是增加供给，而非限制价格。

归纳本文有两个要点：第一，供求均衡存在两种形态，市场均衡是通过价格机制作用实现的均衡，非市场均衡是通过政府调节供求达到的均衡；第二，两种均衡形态分工的边界决定于交易成本，这是说，只有当市场均衡的交易成本过高时，政府才可以调节供求，形成非市场均衡。

凯恩斯理论何以失灵

我曾撰文分析过凯恩斯理论的疑点，这里旧话重提，是最近重读《就业、利息与货币通论》又有了一些思考。《通论》起笔于 1933 年，出版于 1936 年，平心而论，若是站在当时那个年代看，《通论》的分析并无大错。于今凯恩斯理论失灵是因为时过境迁，《通论》的立论基础已发生改变。

学界有一流行观点，认为《通论》是经济萧条的产物。意思是说，当经济遇上萧条时，《通论》就可派上用场。的确，在上世纪 70 年代前，西方国家用《通论》应对萧条屡试不爽，凯恩斯也因此被称为"战后经济繁荣之父"。不必讳言，1998年中国应对亚洲金融危机，2008 年应对国际金融危机，也直接或间接借鉴过凯恩斯理论，至少"扩大内需"与《通论》存在一定的关联。

学界还有一种观点，说西方国家最终陷入滞胀是"凯恩斯革命"惹的祸。此批评并非空穴来风。萨伊定律说，供给能自动创造需求。凯恩斯不同意萨伊，他力主扩大需求，并提出要用扩张性财政政策与货币政策刺激投资。可问题就在这里，投资是一把双刃剑，刺激投资能扩大当前需求；但长期看却会加剧过剩、引发通胀。

我的看法，将滞胀完全归罪于凯恩斯并不公允。要知道，凯恩斯是个学者，而他本人也曾说过，《通论》是医治经济萧条的药方。西方国家战后走出萧条后仍照《通论》吃药，吃坏了身体怎能怪凯恩斯呢？这样讲当然不是为凯恩斯辩护，其实我自己对《通论》也有疑问。我的疑问是，《通论》到底是不是医治萧条的灵丹妙药？

前面我说，站在凯恩斯写《通论》的时代看，凯恩斯的分析没有错。当时没有错现在为何会错？我说是《通论》的立论基础变了。众所周知，在凯恩斯看来上世纪 30 年代西方世界发生经济大萧条，原因是社会有效需求不足。而有效需求不足，则是边际消费倾向递减、投资边际收益递减、流动偏好等三个心理规律所致。这是说，三个心理规律是《通论》的立论基础。

为何说《通论》的立论基础发生了改变？让我们先看边际消费倾向递减规律。所谓边际消费倾向，是指新增收入与新增消费的比例。凯恩斯发现，当人们收入增加，消费也会增加，但消费增加却赶不上收入增加，于是新增消费在新增收入中的比例不断下降。凯恩斯说这是一个规律。若果真如此，消费需求当然会不足。

然而值得研究的是，边际消费倾向递减真的是规律么？在凯恩斯时代也许是，但那也不过是阶段性规律。战后随着消费信贷的兴起，近30年欧美国家居民储蓄率急剧下降。有数据说，上世纪40—80年代美国居民储蓄率保持在7%—11%之间；到1990—2000年则降至5.12%；2001年首次出现-0.2%；2005年再次降至-2.7%。储蓄负增长说明了什么？说明消费增长已快于收入增长，边际消费倾向递减并非恒久的规律。

由此推，凯恩斯的投资乘数理论也难以成立。凯恩斯主张刺激投资，理由是投资有乘数效应。何为投资乘数？凯恩斯将其定义为（1-边际消费倾向）的倒数。举个例子，若边际消费倾向为80%，则投资乘数（1-80%）的倒数为5，意思是投资1元钱可带动5元钱需求。可要指出的是，凯恩斯对投资乘数有个约定，即边际消费倾向递减，不能等于1，否则投资乘数会无穷大。而我们观察到的事实是，今天的边际消费倾向不仅有可能等于1，甚至会大于1，这样投资乘数理论不攻自破。

关于投资需求不足，凯恩斯指出有两个原因：一是投资边际收益递减；二是流动偏好。若其他要素投入不变，增加投资其边际收益无疑会递减。投资边际收益递减，企业家就会减少投资。可流动偏好与投资需求是何关系？凯恩斯说，由于投资边际收益递减，要刺激投资就得降低利率，可由于存在流动偏好，利率又不能过低，不然就会陷入流动性陷阱。

为便于读者理解，让我对流动偏好与流动性陷阱作解释。所谓流动偏好，是指人们有保持现金的习惯。而所谓流动性陷阱，则是指利率过低人们会将现金统统保留在自己手中。流动偏好是不是规律？我想战前应该是。可凯恩斯绝对想不到，战后信用卡消费会悄然兴起，而且很快风靡全球。不要说西方发达国家，就连我们中国的年青人现在也很少用现金，购物、打车一律刷卡或刷手机。可见流动偏好在今天也已不是规律。

假若边际消费倾向递减与流动偏好皆不是规律，《通论》的三大立论基础，其中两个就被动摇了。基础被动摇，整个理论大厦当然会坍塌。不过尽管如此，我认为评价凯恩斯《通论》还是要讲两句话：一是《通论》对医治萧条曾发挥过积极作用，不然就解释不了西方国家为何一度将此奉为国策；二是从现实看，由于《通论》的立论基础已不成立，对凯恩斯理论绝不可照抄照搬。

不能照搬凯恩斯理论，时下已成为国内学界的共识。可总供给与总需求该如何平衡呢？习近平总书记提出的理论是，推进"供给侧结构性改革"。显然，习近平总书记的平衡理论不同于凯恩斯。凯恩斯强调扩大需求，习近平总书记强调改进供给。可是有人说，西方供给学派早就提出过改进供给，供给侧结构性改革与供给学派岂不是一回事？

当然不是一回事。是的，供给学派也主张改进供给，但主要措施只是减税。而供给侧结构性改革的措施，则是"三去一降一补"，减税只是降成本的措施之一。说得更明确些，供给侧结构性改革的要义有三：一是立足供给侧；二是改革资源配置机制；三是解决结构性问题。一言以蔽之：就是要通过改革推进结构调整，增强供给结构对需求结构变化的适应性与灵活性。

当前中国经济已进入新常态，推进供给侧结构性改革势在必行。但要提点的是，虽然凯恩斯理论有诸多疑点，但并不等于可以不再重视需求管理。保持总供给与总需求平衡是经济稳增长的前提，与凯恩斯理论的对错无关，我们既不可因噎废食，更不可顾此失彼。

国企怎样去行政化

近来学界对国企"去行政化"的呼声很高，矛头直指国企行政级别。其实三年前中国铁路总公司组建时就有人对其定为正部级提出过质疑。而我当时撰文回应：别的国企有行政级别为何铁路总公司不能有？铁路总公司要是没级别，铁道部撤分后的官员何以安置？

这是我三年前的看法。我现在认为，安置政府分流官员只是给国企定级的一个理由，背后其实还有更深层的原因。原因具体为何我暂不说，让我们先讨论下面三个问题：第一，国家当初为何要给国企定行政级别；第二，国企有行政级别是否就一定是政府的行政附属物；第三，凡事有利有弊，取消国企行政级别的利弊如何评估？

对第一个问题，我的回答是与中国的国情有关。新中国成立之初，国家一穷二白，加上西方又对我们搞封锁，为避免落后挨打，中国急需发展工业。可那时民间资本太弱小，无力建设大工业项目，逼不得已，国家只好自己出手。政府投资办了企业，当然就要派人去管理。问题是这些管理者都是国家干部，有行政级别，为了保留他们的级别，于是企业也就跟着有了级别。

以上是历史原因。再从国企自身特点看，既然国企是国家投资，那么国企就不是一般的企业。事实上，国家当初办企业一方面是为了加速工业化；另一目的则是希望国企作为国家的长子控制国家经济命脉。而要达此目的，最直接的办法当然是将企业管理者纳入行政管理。管理者是国家干部，令行禁止，无疑可降低管控成本。无论算政治账还是算经济账，此举都不失为明智之选。

这样就带出了第二个问题：国企有了行政级别是否会成为政府的行政附属物？对此问题不能笼统地答，需作具体分析。毋庸讳言，在以往计划经济时期国企的确是政府的行政附属物。那时候企业生产什么、生产多少以及怎样生产皆由国家下计划；生产的产品也由国家统购包销。企业既无自主经营权，也无需自负盈亏。正因如此，所以当时国家投资的企业皆称国营企业。

然而经过三十多年的改革，原来的"国营企业"早已改称"国有企业"。不要以为只是称谓的变化，国有与国营虽仅一字之差，但两者却有本质的区别。作为改革的见证人，我亲历了上世纪 80 年代的承包制、90 年代的股份制以及目前的混合所有制改革，这一系列改革，其实都在推动所有权与经营权分离，实行政企分开。

并非是我的个人揣测，读者想想，从最初承包制给企业扩权，到股份制确立企业法人地位；再到混合所有制完善法人治理结构，哪一项改革不是在去行政化？有目共睹，尽管今天国企有行政级别，但国资委作为出资人代表已从过去管人、管事、管资产退回到现在只管资本，企业重大决策皆由董事会定，经营权也在经理手里。可见国企有行政级别也未必就是政府的行政附属物。

对取消国企行政级别的利弊怎么评估？这个问题稍复杂些。据我所知，很多人认为取消行政级别的最大好处是可让国企享有充分的人事任免权。说实话，这正是我的担心所在。政府作为出资人，若对企业高管任免完全放手，请问将来谁来对出资人负责？又如何保证企业不出现内部人控制？换位思考，假若你投资办企业，你作为老板会对企业人事安排不闻不问么？

在我看来，将国企高管纳入行政系列管理既是一种低成本激励，也是政府的特有机制。经济学说，人的行为都要追求最大化利益。这里的利益不单指货币收入，也包括行政职级。比如近几年国企高管限薪后为何仅有少数人跳槽而多数人不离开？说明在薪酬与职级之间多数人更看重的是职级。既如此，又何必取消国企的行政职级呢？

事实上，给国企定行政级别还有一个好处，那就是有助政府与国企的干部交流。目前不少省市和国家部委的官员来自国企，你道为什么？因为国企的高管懂经济。若国企行政级别被取消，高管没有对等的级别，无疑就堵住了国企与政府交流干部的通道。以后国企高管进不了政府；政府官员也进不了国企。如此老死不相往来显然对政府与国企皆不利。

写到这里，似可得到三点结论：第一，给国企定行政级别既有历史原因，同时也是由国企的特点所决定；第二，保留国企行政级别不等于政府需直接经营企业，企业也未必就是政府的行政附属物，是两码事，不可混为一谈；第三，国企去行政化，重点不是取消行政级别，而是完善法人治理结构，实行政企职责分开。

由此看，去行政化的焦点是完善治理结构。对此中央的思路很明确：让国有资本与非公资本混合，通过投资多元化改组董事会。混合所有制改革肯定没错，可问题是企业由国家控股非公资本是否愿加入？最近我看到一篇报告，说非公企业主目前正犹豫不决，总担心入股后自己没有话语权。有此担心情有可原，关键是怎么解决？

我的观点，国企由国家控股不能含糊，但控股要分绝对控股与相对控股。对国家安全与自然垄断领域的国企，国家应绝对控股；对其他国企，国家只需相对控股，比如有十个股东，国家持股 28%而其他每人持股 8%，结果仍由国家控股。所不同的是，非公资本加总占 72%，这样他们在董事会就有了话语权，有了话语权，当然也就不会有后顾之忧。

乡村振兴评点

我看乡村振兴战略

中国改革从农村起步，安徽小岗村的农民了不起，20 世纪 70 年代末率先搞土地承包，从此拉开了中国农村改革序幕。时隔四十年，习近平总书记又在十九大报告中提出"乡村振兴战略"。从农村改革到乡村振兴到底有何深意？近来多家媒体希望我作解读。研究"三农"问题多年，当然有自己的思考，就写出来与读者交流吧。

让我先从问题切入。请问：30 年前中央为何未提乡村振兴战略？而且 10 年前也未提？不知读者怎么看，我的看法，是那时候时机还不到振兴乡村的时机。众所周知，中央历来高度重视"三农"，然而解决"三农"问题却功夫在诗外，需要有工业化和城市化带动。改革开放之初，我国有 8 亿人口在农村，人均耕地不足 1.5 亩。试想，在这种典型的二元经济背景下，如果不通过工业化和城市化将部分农民转移进城市，农民怎可能致富呢？

经济发展既然有阶段，当然就要尊重发展阶段的规律。300多年前，威廉·配第在研究当时英国农民、工人与船员收入后发现：论从业收入，从事农业不如从事工业，从事工业不如从事商业。20世纪40年代克拉克对配第这一发现作了验证，并提出了"配第—克拉克定理"。该定理说，由于第三产业收入高于第二产业，第二产业收入又高于第一产业，故劳动力会从第一产业依次向第二、三产业转移。后来刘易斯提出"城乡二元经济模型"，也得出结论说：工业化初期农村劳动力将流向城市。

中国近40年的经验，完全印证了上面的推断。据最新入户调查结果显示，目前我国农村常住人口为5.8亿。这是说，过去8亿农村人口中，已有2.2亿转移进了城市，而且这2.2亿人口都是青壮劳动力。我想问读者，当一个国家农村劳动力大规模流向城市的时候，你觉得有可能振兴乡村么？显然不可能。这样看，我们就不难理解之前中央为何不提"乡村振兴"了。

以前不提而为何现在可以提？我的解释，是中国工业化已进入到中后期，农村劳动力流向已开始发生改变。何以作此判断？请读者注意2008年这个节点，受国际金融危机的影响，当年有2000万农民工下岗返乡。而据有关调研报告称，这2000万人后来大多留在农村就业创业，并没有再进城市。

事实上，近年来"珠三角"、"长三角"频频出现招工难就是一个信号，预示着农村劳动力向城市流动已经临近"刘易斯拐点"。

说我自己的观察。不久前我去贵州六盘水调研，看到有不少企业家到乡村投资。这些企业家之前其实也是农民，进城打工学到技术后自己办了企业。我不解的是，他们为何不留在城市而要回到乡村投资？我分别访问过其中几位，他们的回答不约而同，皆说现在投资工业已不如投资农业赚钱。这回答我相信是真话。随着工业投资密度不断加大，利润率肯定会下降。经济学所谓"投资收益递减规律"，说的就是这道理。

这是一方面；另一方面，企业家到农村办企业会增加当地农民收入。从选择角度看，这无疑提高了农民进城务工的机会成本。比如过去农民种地年收入为5000元，进城务工的机会成本就是5000元。假定当地农民年收入增加到20000元，则机会成本就上升为20000元。再有，进城务工不仅背井离乡，而且生活费用也高，假定一年房租和孩子寄读费是20000元，这样务工收入若达不到40000元，进城务工就得不偿失。今天劳动力流动出现"刘易斯拐点"，原因即在于此。

另外从国际经验看，当一个国家城市化率超过50%，资本、技术、管理等要素就会转向农业部门流动。我看到的资料，上世纪50年代美国就出现了这种"逆城市化"现象，到

70 年代，欧洲工业化国家以及日本、俄罗斯等国也相继出现这种趋势。2010 年，我国的城市化率已接近 50%，2016 年底已达 57.6%，由此见，现在我们实施"乡村振兴战略"是顺势而为，适逢其时。

以上说的是战略背景，下面再分析"乡村振兴战略"究竟有何深意？

关于实施乡村振兴战略，十九大报告提出了 20 字的总要求："产业兴旺、生态宜居、乡风文明、治理有效、生活富裕"。为此，中央又提出了四大举措：即深化农村土地制度改革，保持土地承包关系长久不变；深化农村集体产权改革，保障农民财产权益；构建现代农业经营体系，培育新型农业经营主体；加强农村基础工作，健全乡村治理体系。

或许有人说，以上举措在以前的中央文件中皆能找到，新话并不多。可我要提点的是，十九大提出的举措与之前的举措虽相同，但含义却不同。比如保持土地承包关系长久不变、保障农民财产权益、培育新型农业经营主体等，中央以前主要是对农民讲，是给农民吃定心丸；而中央今天重申，一方面是对农民讲，同时也是对城市的企业家讲，目的是鼓励企业家投资农业，大胆吸收农民承包地入股，成为新型农业经营主体。

据此分析，我们便可从两个角度理解"乡村振兴战略"的深意。从近期看，解决"三农"问题是实现全面小康的关键，决胜全面小康当然需要振兴乡村。从长远看，则是引导、支持城市资本下乡，推进农业农村现代化；并通过振兴现代农业确保国家粮食安全。这后一点尤为重要，中国是全球第一人口大国，如果中国人的饭碗不能牢牢端在我们自己手中，后果会不堪设想。

"三变"改革的学理解释

两年前我第一次听学员讲"三变",当时就有预感:"三变"将再次拉开中国农村改革的帷幕;而六盘水作为"三变"的发源地,将成为国家层面解决"三农"问题的样板。果然不出我所料,今年年初,"三变"写进了中央一号文件,六盘水的经验也得到了中央领导的肯定。

什么是"三变"?具体讲,是"资源变资产、资金变股金、农民变股东"。要是没在农村生活过,读者恐难明白"三变"对农民意味着什么?我不会神机妙算,有此预感是因为从小长在农村,当过农民。最近看到一份材料,汪洋副总理批示:"三变"有值得从更深层次考虑其价值的意义。是的,对"三变"的研究目前还只是破题,的确值得深入研讨。

三个星期前,我专程赴六盘水调研,从钟山到水城、再到盘州,发现农民谈起"三变"个个头头是道、如数家珍。在米箩镇与农民座谈时我问:"三变"到底有什么好?一位李姓农民说:"以前家里穷,连媳妇都娶不上,搞'三变'后家里富了,现在不仅娶了媳妇,还买了汽车。"类似的故事所到之处皆能听到,这大概就是"三变"的魅力吧!

人们拥护改革,一定是改革能给他们带来实惠。但应该追问的是,"三变"为何能让农民收入奇迹般增长?近两年报刊推介"三变"经验的文章很多,我也读过一些。可遗憾的是,从学理层面进行讨论的却不多。从学理层面看,"三变"改革的核心要义究竟何在?这些日子天天想,我想到的答案:是增加农民的资产性收入。

我的思考是这样:古往今来,农民一直是低收入群体。农民何以收入低?是农民不勤劳么?非也;原因是农民没有资产。过去地主比农民富,绝不是地主比农民勤劳,而是他们拥有土地,可取得资产性收入。众所周知,经济学讲分配,是按生产要素的贡献分配;而要素所有者参与分配的比例,则取决于不同要素的稀缺度。这是说,谁掌握的生产要素稀缺,所占的分配比例就越大。

问题就在这里。土地与劳动力相比,由于土地供给不能增加;而人口却不断增长。比较而言,土地会显得相对稀缺。这样,地主的资产性(土地)收入当然会高于佃农的劳动收入。由此推之,其一般性的推论是:一个人若拥有资产,不论资产为何,只要该资产的供应比劳动力稀缺,则资产性收入皆会高于劳动收入。

对此推论，马克思早就作过论证。《资本论》三大卷，最后得出的结论是：资本积累将导致两极分化：一极是资本家的财富积累；一极是无产者的贫困积累。无产者要摆脱贫困，唯有剥夺"剥夺者"。土地革命时期我们党提出"打土豪，分田地"，依据的就是马克思的理论，目的是要让农民拥有资产。留心观察，改革开放后先富起来的群体，有谁不是靠资产性收入致富的？

回头再说"三变"。前面我说，"三变"的核心要义是增加农民资产性收入。而要增加农民资产性收入，前提就得让农民有资产。从这个角度看，我们就不难理解政府为何要推动"资源变资产"了。是的，政府的用意很明显，将资源变资产不仅可盘活农村资源；更重要的是，只有将资产确权给农民，资产才能变股金，农民才能变股东。

然而这只是农民增收的前提。让农民有资产，并不等于有资产性收入，有资产与有资产性收入是两回事。举个例子，你投资1000万元办厂，一年下来若利润为零，那么你的资产性收入就是零。同样道理，即便农民有资产，但如果资产不增值，同样也不会有资产性收入。故我的第二个推论是：要让农民有资产性收入，还得让农民的资产增值。

所谓资产增值，通俗地讲，就是让资产涨价。资产怎样才能涨价呢？经济学家费雪说：资产价格是人们对该资产预期收入的贴现。用公式表示：资产价格＝资产预期年收入／银行年利率。根据此公式，费雪曾作过这样的分析，他说：由于利率相对稳定，资产价格实际决定于资产的预期收入。于是，资产增值就转换成了提升收入预期。

影响资产收入预期的因素多，不过我认为重要的因素就两个：一是资产的稀缺度；二是资产的当期利润。物以稀为贵。供应稀缺的资产，收入预期当然看涨；而资产当期利润，也会影响人们对未来收入的判断。六盘水的经验可以佐证：政府以"平台公司"为支点，用PPP模式投资农村基础设施，无非是要提升农民资产的稀缺度；而推动规模经营，则是为了提高农民资产的当期收益。

实际效果如何呢？那天在百车河村考察，水城县王县长介绍说，当地农民的房子之前并不值钱，去年通了公路，农民在自己家开旅馆，现在每平米涨到了3000元。米箩镇的农民也告诉我，过去一家一户种猕猴桃，8分钱一斤卖不掉。现在土地入股实行"标准化"生产，每斤涨到30元却供不应求。

行文至此，读者应清楚了"三变"的要义。但有个现象还需解释。在我看来，六盘水的"三变"目前仍是资产租赁与股份合作并存。比如从分配看，企业前三年要为入股农民保底分红，三年后再按比例分红。保底分红其实是资产租赁，按比例分红才是股份合作。经济学"MM定理"说，以负债筹资还是以股份筹资皆不影响企业的市值。可企业为何采用这种"先租后股"的方式筹资呢?

我的回答,是为了节省交易成本。事实上,上面的"MM定理"有个重要假设,即交易成本为零。读者知道,果树栽种不同于其他产业,很特殊,通常要等三年才会挂果。若按比例分红,则意味着农民入股三年内不能有收益。倘如此,让农民入股谈何容易?企业为减少与农民谈判的交易成本,所以就有了现在的筹资安排。

"三变"改革的价值

从贵州六盘水调研归来，写过两篇文章。一篇《"三变"改革的学理解释》；另一篇《扶贫当从供给侧发力》。本来打算就此收笔，可又觉得意犹未尽。比如怎样认识"三变"改革的价值，我认为不能仅从农村扶贫角度看。中国要整体形成橄榄型分配格局，"三变"改革将是不二之选。

是的，认识"三变"改革的价值，眼光应放得长远些。前不久与贵阳市委书记李再勇（原六盘水市委书记）讨论，他认为 2020 年国家实现全面小康后，"三变"还得推进。不知读者的看法，对此我深信不疑。也许有人问："三变"与橄榄型分配格局到底是何关系？这样说吧，若不持续推进"三变"，中国多数农民不可能进入中等收入群体，倘如此，形成橄榄型格局将遥遥无期。

信不信由你。请读者思考，在目前我们的分配格局中，低收入者为何会占多数？说起来原因很多，但在我看来关键是低收入者没有资产。据研究发现，收入增长存在一个普遍现象，那就是资产性收入增长快于劳动收入增长。试想，一个社会若只有少数人有资产而多数人没有资产，低收入者占多数是否也就不足为怪了？

纵观人类经济发展史，从奴隶社会到封建社会，再到资本主义社会，资产一直都被少数人（统治阶级）占有，此乃不争的事实，无需举证，也无需解释。这里要解释的是，资产性收入增长为何会快于劳动收入增长？我曾说过，解释现象要借助理论，不能用现象直接解释现象。那么用什么理论解释呢？让我们看经济学怎么说。

研究收入分配，不能不提到法国经济学家萨伊。萨伊在行内大名鼎鼎，因为他提出过所谓的"三位一体"公式："资本得到利润，土地得到地租，劳动得到工资"，这公式学界也简称"按要素分配"。学经济的读者知道，当年马克思批判过萨伊，说他混淆了剩余价值来源与剩余价值生产条件的区别，掩盖了资本剥削的实质。批判归批判，但请注意，马克思并未因此否定按要素分配。

时至今日，学界反对"按要素分配"的人并不多，10年前，"确立劳动、资本、技术和管理等生产要素按贡献参与分配的原则"已写进我们党的文件。现在的问题是：各要素参与分配的比例怎么定？是资本分配多一些还是劳动分配多一些？根据经济学原理：利润乃资本之价；地租乃土地之价；工资乃劳动力之价，既然三者皆是价格，其高低当然得由供求决定。换句话说，要素分配的比例，最终要取决于它们各自的稀缺度。

懂得了这个原理，前面的问题也就有了答案。资产性收入增长所以快于劳动收入增长，原因一定是资产要素比劳动力要素稀缺。之前我分析过，农耕社会地主收入比农民收入增长快，并不是地主比农民勤劳，而是地主拥有土地，且土地比劳动力稀缺。同样道理，工业社会资本收入比工资收入增长快，也是劳动力供给相对过剩，资本相对短缺。不然，资本性收入怎可能高于工资增长呢？

回头再说现实。我们要扩大中等收入者比重，关键是要让低收入者拥有资产性收入。然而今天有两个难题：第一，新中国成立后农村土地归集体所有，不能像土地革命时期那样打土豪、分田地；第二，国家依法保护非公经济产权，也不可能重新分配企业家的资产。怎么办？于是"三变"改革应运而生。将"资源变资产、资金变股金、农民变股东"，正好可以破解这两个难题。

在我看来，"三变"改革的妙处，在于它是立足扩大资产增量，而不是抽肥补瘦。资源变资产，是将过去没有效益的资源变为可盈利的资产。举六盘水的例子，"三变"改革前，六盘水有大量林地和水域闲置，而且农民的承包地与房屋皆无完整产权。"三变"改革将其确权给农民后，农民不仅可用土地、房屋入股，还可用树木、河流入股，如此一改，农民就有了自己的资产。

农民将自己资产入股，成了股东，于是就有了资产性收入。我看到的数据，"三变"改革前，六盘水农民人均收入仅4750元/年；到2016年底，人均收入已提高到1.3万元/年。三年增长近3倍。要特别提点的是，农民与企业已成为同一利益共同体。农民（股东）收入增长，企业主收入也增长。农民收入增加而没有人利益受损，此改革在经济学看来是典型的"帕累托改进"。

我在本文开头说，认识"三变"的价值不应仅局限于农村扶贫。这样讲包含两层意思：一是近期看"三变"可协助农村贫困户脱贫，而从长远看，则可让农民通过取得资产性收入成为中等收入者；另一层意思，是"三变"不仅能造福农民，也可造福城市贫困者。这一点是受李再勇的启发。那天听李再勇说贵阳正着手推行"三变"，是令人振奋的消息。古人讲"有恒产方有恒心"。可以肯定，城市贫困人口一旦有了资产，脱贫将指日可待。

最后再说明一点，"三变"不是一种固定的农村扶贫模式，而是一种改革理念。六盘水的经验可以借鉴，但各地情况不同，大可不必照抄照搬。要知道，"三变"的要义在于：要让低收入者脱贫致富，关键是要让他们有资产性收入；要让他们有资产性收入，关键是要推动资产增值；要推动资产增值，关键是建立相应的利益制衡机制。

就这么简单么？就这么简单！

扶贫当从供给侧发力

自己以研究经济为职业，当然知道搞市场经济容易出现贫富差距。我曾在本专栏撰文说过，贫富差距是市场失灵的结果。而政府弥补市场失灵，除了维护国家安全与社会公正，再一项职责，就是提供公共服务与照顾穷人。经济学鼻祖亚当·斯密如是说，我也是这样看。

基于这样的认识，所以中央提出扶贫攻坚我举双手拥护。既然自己拥护为何还写文章？其实，我作此文并不是讨论要不要扶贫，而是应该怎样扶贫。这样说吧，前些日子我在西南地区调研，了解到一些情况令我困惑，也引发了我的思考。想之再三，觉得有必要将这些困惑与思考写出来。

为便于讨论，让我先说自己的困惑。下面的三个案例是真人真事，为尊重当事人的意愿，这里我将真实姓名、地址隐去。对事不对人，也请读者勿对号入座。

案例一：某村东、西两头住着两户人家，村东那家男主人外出务工多年，前年用务工收入在县城买了套房子，可没钱装修至今未能入住。村西那家男主人这些年一直游手好闲，不务正业。2016年底他家却被确定为贫困户，政府给他买了房子，还做了装修。东头的那家于是觉得不公平。质问县干部：扶贫到底是鼓励勤劳还是鼓励懒惰？

案例二：某乡有两人是堂兄弟，堂兄遵守国家计生政策，只生一个孩子，加上夫妻俩勤俭持家，生活温饱无虞。而堂弟却违反国家计生政策，一气生了四个孩子，由于负担重，生活非常拮据。年初堂弟被确定为扶贫对象后，政府给钱给物，一下子日子过得比堂兄家还滋润。于是村里人议论：这样扶贫岂不是鼓励违反国家政策？

案例三：某老人有三个儿子，三个儿子皆有固定收入，而且都在县城买了房。五年前，三个儿子已将老人接到县城同住。可当地扶贫政策出台后，为享受扶贫政策，三个儿子又将老人送回乡下。由于乡下房子年久失修，破败不堪。有一次上面派人检查，看到老人住着破房子而未被列入扶贫对象，于是立即责令当地政府整改。有人问：这不是要鼓励人们争当贫困户么？

不知读者对上面的案例怎么看，我自己是很困惑。后来我到六盘水，把这三个案例也对市委书记周荣讲了，并问六盘水是否存在类似的情况。周荣答：六盘水不存在。对此回答我半信半疑。心里暗想：别的地方存在，六盘水为何会不存在？

不过四天走访下来，我相信周荣说的是真话。

原来，六盘水的扶贫与别处确实不同。不是贫困户需要什么政府就给什么，而是通过"资源变资产、资金变股金、农民变股东"（简称"三变"）帮助贫困户脱贫。前篇文章我对"三变"改革的要义作过分析，这里不重复。我要指出的是，通过"三变"改革扶贫，着力点是在供给侧而不是在需求侧。着力点不同，扶贫效果当然会不同。

顾名思义，从需求侧扶贫，针对的是消费需求。比如贫困户缺房子，政府就提供房子；贫困户缺粮食，政府就提供粮食。这种做法，学界通常称之为"输血型"扶贫。事实上，上面列举的案例，就与这种"输血型"的扶贫方式有关。读者想想，如果贫困户缺什么政府就能给什么，能坐享其成，人们怎会不争当贫困户呢？

与需求侧扶贫不同，供给侧扶贫是帮助贫困户发展生产，立足于"造血"。以六盘水为例，政府主要做三件事，一是为农民的资产确权；二是通过"平台公司"投资农村基础设施，推动农民的资产升值；三是引导农民入股龙头企业，通过规模经营增加农民的资产性收入。不到四年，有22万人脱贫却未发生不公平的案例，我想原因即在于此。

由此见，扶贫的思路不同，结果大不一样。事实上，关于公平与效率的关系，这些年学界一直有争论：有人主张"效率优先"；有人主张"公平优先"。而六盘水的经验证明，公平与效率并非截然对立，处理得好，效率不仅不妨碍公平，相反可以促进公平。我推崇六盘水的做法，是因为他们将公平与效率结合得好，具有面上的推广价值。

说远一点吧。从源头追溯，较早主张"以效率促公平"的学者，是美国经济学家弗里德曼。他的观点，政府照顾穷人不应养懒汉，应鼓励穷人自己创造收入。为此他提出了以"负所得税"形式补贴穷人的方案：政府补贴 = 收入保障线 −（个人实际收入 × 负所得税税率）；而个人最终可支配收入 = 个人实际收入 + 政府补贴。遗憾的是，此方案只是个理论原理，而且只写在教科书里，美国从未实施过。

实不相瞒，我之前有个疑问：六盘水官员未必知道弗里德曼，可他们怎会想到以效率促公平？而且在操作上他们提出的"三变"比"弗氏方案"还更胜一筹？周荣告诉我，六盘水四个县、市、区，其中三个是国家级贫困县，从供给侧搞"三变"是被逼出来的。说的也是。怎么想到的其实并不重要，重要的是美国没有做而六盘水做了，而且做得精彩，所以我们应该为他们鼓掌！

读者不要误会，我主张扶贫从供给侧发力，并非完全不能从需求侧扶贫。比如对孤寡老人或丧失劳动能力的人，当然要从需求侧予以补助；对那些勤奋劳动，但由于特殊原因致贫的家庭，也应从需求侧给予照顾。但要特别指出的是，对那些有劳动能力而不劳动的人，政府只可提供基本生活保障，切不可顾此失彼，造成新的不公平。

搬迁扶贫的困局

最近中央党校中青二班几位学员从怒江考察归来，写出研究报告送我，题目是《怒江脱贫攻坚的重点、难点与对策》。报告有案例、有数据，逻辑井然，文字行云流水。是难得一见的好文章，但愿能引起当地政府与有关部门的重视。

也是有感而发，这里我想就报告所提到的"搬迁扶贫"问题作进一步的讨论。怒江地处西南边陲，又是大山区，为帮助农民脱贫，年初怒江州政府启动易地搬迁计划，全年共投资 18 亿元，将山上 9000 多户农民迁到了山下。照理这是一件好事，可有的农民似乎并不领情，据说已搬下山的农户现在不少人又想搬回山上去。究竟发生了什么事？难道真的有人安于贫困不成？

我未到怒江实地调查，个中原因不敢妄加猜测。不过十年前我在内蒙也曾见到过类似的情况。当时全国新农村建设风生水起，内蒙某旗政府也拿出大笔财政资金为牧民建新村。哪承想，一个冬天过后整个村子便人去楼空。对此现象当地官员解释说，牧民历来居无定所，哪里草场好他们就赶着牛羊往那里走，不宜固定在一个地方居住。

农民不同于牧民，怒江的情况也不同于内蒙的旗县。但从经济学角度看，两地却都面临一个共同问题：即怎样处理安居与乐业的关系。据研究报告称，怒江当地流行一句口头禅："小康不小康，关键看住房"。显然，在怒江的官员看来农民脱贫要优先解决的是住房。说实话，本人并不这样看。我的观点，要是在平原地区，农民衣食无忧，富不富可以看住房；但若在连饭都吃不饱的贫困山区也"关键看住房"，恐怕就本末倒置了。

不可否认，重视住房是中国人的传统。古语云：有恒产者方有恒心。这里所谓的恒产，最初指的就是房产。东汉班固《汉书·货殖传》就提出过"各安其居而乐其业，甘其食而美其服"的思想，意思是要先安居而后谋业，先吃饱而后穿漂亮。可要知道，当时处在农耕时代，人口很少流动，那时候先建住房是对的。然而今非昔比，工商时代人口流动频繁，比如有人今年在上海打工，没准明年就去了广东，你认为他们还会先建房么？

是的，时代不同，面对的约束也不同，人们对待安居与谋业的观念也会改变。普遍的规律：农耕时代先安居而后谋业；工商时代则先谋业而后安居。不信你去观察那些进城的民工，他们谁不是先打工攒钱然后才在城里买房的呢？一个家庭这样，一个城市也如此。经济学讲，兴城先兴业。一个城市要发展，必须先发展产业。若无产业作支撑，建再多高楼也不过是一座空城。

回头再说搬迁扶贫。不必怀疑怒江州政府帮助农民脱困的初衷。但有一点，若要让农民在山下定居下来，前提必须让他们有新的谋生职业，否则就是政府的一厢情愿。今年6月有位领导同志在怒江视察时曾当面问过四户村民，他们均表示不愿搬。我明白村民的想法。设身处地想，假如你在山下找不到挣钱门路，而养家糊口的耕地却在山上，你大概也不愿搬到山下每天来回奔波吧！

由此看，易地搬迁的确不是上选之策。当然不是绝对不能搬，而是要分轻重缓急，一步一步来。我的看法，政府首先要做的是帮助农民就业，让他们有新的收入来源，待解决温饱后再帮助他们建住房。理由简单，因为帮助就业是"造血"，属生产性扶贫；而出资建房是"输血"，属消费性扶贫。虽然两者都是扶贫，但效果会大不一样。两利相较取其重，先解决就业才是明智之举。

问题是政府何以帮助农民就业？困难在于，今天政府除了投资基础设施，似乎很难创造其他的就业机会。不过往深处想，此事说难也不难。我手头有两篇中央党校中青班学员去年撰写的调研报告，一篇介绍湖南实行产业扶贫的经验；另一篇介绍贵州六盘水实施"三变"脱贫的做法。将两篇报告整合，可以理出帮助农民就业脱贫的思路。

湖南是农业大省，也是我老家，早就听说家乡的扶贫工作做得好，经验可圈可点。归纳起来是四句话：扶贫资金围着穷人转；穷人围着大户转；大户围着产业转，产业围着市场转。上面四句话中，前一句和后两句都好理解，既然是扶贫资金，当然要配置给穷人；大户要想做大，就得把产业做强；而要把产业作强，又必须紧盯市场，市场需要什么就生产什么。关键是穷人如何围着大户转？湖南的经验，是推动贫困户与大户合作。

贫困户与大户怎样合作？这方面贵州六盘水市的做法可供借鉴。六盘水市委书记李再勇去年来党校学习，曾与他多次交流过。所谓"三变"，是指将农民的"资金变股金，地权变股权，农民变股民"。具体讲，就是由政府牵线搭桥，动员农民将扶贫资金与承包地入股当地大户（龙头企业），然后以股东与职工双重身份参与生产。实践表明，"三变"一箭双雕：既增加了农民收入，又推动了资本与土地集中，满足了大户规模化生产的需求。

最后再说一遍，我不反对易地搬迁扶贫，也不反对政府为穷人建住房。照顾穷人是政府的义务，政府责无旁贷。我写这篇文章，主要是想给地方政府提个醒：扶贫应审时度势，特别是在目前扶贫资金有限的条件下，要立足"造血"，尽量把好钢用在刀刃上。

绿水青山的盈利模式

前不久回湖南作乡村调研，一路走访了 14 个县、28 个村，看到贫困地区农民开始富起来，由衷地欣喜；对习近平总书记提出的"绿水青山就是金山银山"也有了更深的领悟。40 年前离开家乡，那时候家乡也是山青水绿，可农民当时却连饭都吃不饱。今天绿水青山怎就变成了金山银山呢？是有趣的经济现象，值得为文分析。

不知读者怎么看？我的看法，是经济发展所处的阶段不同。40 年前，中国刚改革开放，工业化进程尚处于初期阶段，衣食住行样样短缺。相对于物质供给，生态环境并不稀缺。然而今非昔比，经过 40 年改革开放，中国的工业化已进入到中后期，商品供应极大丰富，今天人们更需要洁净的空气和水，于是生态环境成为稀缺资源。物以稀为贵，绿水青山当然就是金山银山了。

是的，工业化的推进改变了人们的观念。过去人们盼温饱，现在盼环保；过去求生存，现在求生态。正由于人们对生态环境有了需求，绿水青山才可能变成金山银山。不过有个问题要思考，这次我走访的乡村大多山清水秀，有的地方农民已经脱贫，而为何有的地方农民却并未脱贫？通过比较我发现，绿水青山要变金山银山，还需要有相应的盈利模式作支撑。

众所周知，中央提出乡村振兴战略讲了五句话：产业兴旺、生态宜居、乡风文明、治理有效、生活富裕。乡村振兴落脚点是富裕农民，富裕农民当然要发展产业。那么生态宜居与富裕农民是何关系？在永州祁阳县调研时县委书记介绍说，祁阳乡村振兴选择的是从"生态宜居"破题。我问何故？他的解释是，祁阳的农业产业基础好，抓生态环境可进一步提升农产品品质。

我认同他的解释。其实换个角度看，美丽乡村的生态环境也是可帮助农民致富的。何为美丽乡村？习近平总书记说，要望得见山，看得见水，记得住乡愁。问题是美丽的山水、乡愁如何协助农民致富？这里的关键，是要有办法将美丽乡村的看点变成卖点，将山水和乡愁转换成农民收入。若非如此，对农民来说，绿水青山就成不了金山银山，农民也就不会有保护生态的内生动力。

怎样为绿水青山设计盈利模式？这个话题曾与湘西州的几位县委书记讨论过。他们感到有两个方面的困难：一是生态环境属公共品，如洁净的空气，由于空气消费不排他，无法向游客收费；二是环境消费属文化或精神消费，计价有困难。比如乡愁是游客的主观感受，游客享受了多少乡愁说不清，乡愁值多少钱也说不清。

骤然听确实是个难题。不过深入想，说难也不难。经济学处理此类问题，办法是寻找委托品，将那些不能计量或计价的商品（服务）借助委托品去交易。想问读者，商家卖矿泉水是卖什么？若你认为只是卖水就错了。事实上，商家既是卖水，同时也是卖"方便"。由于"方便"不好计量，商家就将"方便"委托到了矿泉水上。一瓶矿泉水300毫升卖2元，600毫升卖3元，水多一倍而价格未高一倍，那是因为"水"增加了而"方便"没增加。

留心观察，现实中类似的例子很多。在永州江华县调研时县委书记告诉我，今年全县拆空心房整理出了一批耕地，最近他们将"耕地指标"卖到了长沙，首批签约资金4亿元，已到账1.2亿元。耕地指标何以能卖钱？原因是国家要守18亿亩耕地红线以确保粮食安全。农民提供了粮食安全，可"粮食安全"是公共品，不能直接卖，于是国家推出了耕地占补平衡政策，将"粮食安全"委托到了耕地指标上。

我举上面的例子，是想表达这样的一个观点：绿水青山变金山银山，必须找到委托品。在这方面我认为科斯定理可以借鉴。科斯定理说，只要政府明确界定产权（碳排权），洁净空气便可借助"碳排指标"进行交易。由此给我们的启示是，不同的生态要素都应先找到委托品，否则就形成不了盈利模式。

我所想到的，乡愁可委托到古村、古树、古井的门票上；特色山水可委托在特色农产品上。

农民未必知道科斯定理，可是从永州到湘西，我看到的农民却大多都是寻找委托品的高手。在永州新塘村，农民把无污染的土壤环境委托到蔬菜上，高价卖到了粤港澳；湘西隘口村，将当地特殊的气候、土质委托到茶叶上，也远销全国；马王溪村发展观光农业，将田园风光委托到了生态产业上，赚得钵满盆满。据村支书讲，当地黄桃4元一斤，若观光客自己采摘，8元一斤不会打折。

这里我要指出的是，变绿水青山为金山银山，寻找委托品是一方面；另一方面，政府也要积极作为。首先，政府应加大对乡村基础设施的投资，不然路桥不通，即便山再青、水再绿，游客进不去也不可能变成钱；再有，政府应立即推动修改有关法律，允许农民用土地经营权抵押贷款。若土地经营权不能用于融资抵押，不仅对农民不公平，最终还会拖乡村振兴的后腿。

以研究经济学为职业，我当然明白政府在担心什么。政府的担心，是农民一旦还不起贷款会长期失地。这种担心大可不必。以湖南永州、湘西为例，今天大部分农民已将土地流转给了村集体合作社，若允许合作社用耕地经营权分期（如3—5年）抵押，贷款额度会小一些，但农民不会长期失地。办法总比困难多，只要大胆改革、积极探索，我想这个问题应该不难解决吧！

论耕地流转问题

10 年前写《徐庄土地合作试验》，我的观点很明确：推动耕地流转刻不容缓。当初我的考虑是，中国近 20 亿亩耕地，有 8 亿农村人口，人均耕地仅 2 亩多，若是不搞规模经营，农民在 2 亩多耕地上无论种什么都不可能脱贫。后来在河南豫东农村调研，和农民一起算过账，得出的结论：户均耕地要有 50 亩才可能致富。

于今 10 年过去了，耕地流转在各地风生水起，其做法也基本大同小异。归纳起来，大致有三种模式：一是公司＋农户，即农户将耕地经营权流转给了龙头公司；二是农户＋合作社，即农户将耕地入股村集体合作社；三是农户＋合作社＋公司，此模式中合作社只是中介，一方面接受农民耕地流转，同时又将集中耕地的经营权整体流转给龙头公司。

早在上世纪 90 年代初，邓小平曾预言农村发展有两个飞跃：第一个飞跃是实行家庭联产承包责任制；第二个飞跃是发展适度规模经营。今天耕地流转的势头显然印证老人家当年的洞见，所以我这里不再讨论耕地是否需要流转集中，而重点讨论耕地应该向谁集中？或者耕地由农民自己集中的前提是什么？

据我观察，时下耕地流转大多是向龙头公司（工商企业）集中。何以如此？一个重要的原因，是农民手里缺资金，而规模经营需有大量的资本投入。前不久在南方农村调研，我看到当地农户以每亩 300—500 元的价格将耕地经营权转让给了龙头公司，曾问当地干部，农民为何愿意低价转让？当地干部说：农民自己搞不了规模经营，若分散经营，每亩年收入差不多也是 300—500 元。

骤然听，农民照此价格转让土地经营权并未吃亏，可真实情况并不尽然。调研中我一路上不断听到有基层干部抱怨，说现在推动耕地流转难度大，不少农户不愿转让耕地。为了让农民转让，县里还派干部下乡住村，责任到人，一家一户地去劝说农民。一语道破，原来目前农村耕地流转并非完全出于农民自愿，而是由地方政府在背后推动的。

由此我想到了耕地产权保护问题。农村耕地实行"三权分置"后，所有权归村集体；承包权和经营权归农户。在经济学里，承包权和经营权相当于产权。具体说，产权是指耕地的使用权、收益权、转让权。顾名思义，转让权包含有"转让"或

"不转让"两种权利。这是说，保护耕地产权不仅要保护农民自愿转让的权利，也要保护农民不愿转让的权利。

于是这就带出了一个问题：农民不愿意转让耕地经营权而地方政府却要求转让，此举是否侵害了农民的耕地产权（不转让的权利）？我的看法，地方政府的初衷绝不是要损害农民的利益，相反是为了帮助农民增收。有位乡干部介绍说，农民将耕地流转给龙头公司后，不仅可得到耕地转让费，同时还可就近到龙头公司打工，每月拿到1000元左右工资，年收入可达上万元。听得出来，这位乡干部认为耕地转让无疑是对农民有利。

乡干部这样看，可你猜农民怎么看？做入户调查时有农民对我说：在村里打工能赚工资，到城里打工也一样挣工资。现在企业支付的耕地流转费每亩不足500元，而企业用流转的土地搞规模经营，每亩收益在5000元以上，如果耕地由我们自己集中，再请省里农业技术专家当顾问，每亩年收益绝对不止500元。这位农民说得没错，后来我在吉首隘口村看到农民自己成立了合作社，每亩收益达到了7000元。

值得研究的是，搞规模经营需要基础设施投资和引进科技，农民自己没有钱怎么办？在调研中我发现，但凡以农民为主体搞规模经营的地区，都是用耕地经营权抵押从银行取得贷款。可是此做法目前只是在少数地区试点，面上并未推开。问题就在这里，耕地经营权若不允许抵押融资，农民搞规模经营的资金从何而来?

说实话,对耕地经营权不能抵押,多年来我一直有疑惑。政府当初作此规定,据说是因为农民没有耕地所有权。令人不解的是,我国法律明确规定资产使用权与收益权可以用于抵押,如国有土地的使用权就可抵押贷款;而工商企业的特许经营权、高速公路收费权等也都是银行认可的抵押物。既然国有土地和工商企业的经营权可以抵押,为何农民耕地经营权不能抵押呢?

另有一种解释,说如果允许农民把土地经营权抵押,一旦农民还不了贷款将会导致农民失地。我认为这种担心是杞人忧天。要知道,农民抵押给银行的只是经营权,即便日后还不了贷款,银行处置的也只是经营权,农民并未丧失承包权。想深一层,农民若将耕地经营权流转给公司,也同样会失去经营权。对农民来说两者是一回事。不同的是,农民将耕地流转给公司,是真正失去经营权;而抵押给银行,只是有可能失去经营权。

耕地经营权能否抵押融资,从操作层面看,关键其实在银行。当前银行对接受耕地经营权抵押顾虑重重,一方面是现行政策规定银行处置耕地经营权必须征得农民同意,否则不能处置;再一个原因,是没有全国性的耕地经营权流转市场,虽然各地已建立了区域性流转平台,但交易主体不多,银行难以通过这种区域性平台及时转让耕地经营权。

写到这里，本文的结论是：要推动以农民为主体的规模经营，必须允许农民用耕地经营权抵押融资。为此我再提三点建议：一是尽快修订相关政策法规，确立耕地经营权抵押的合法性；二是加快建立全国性耕地经营权流转市场，一旦出险，以便银行及时转让耕地经营权；三是由财政出资设立风险补偿基金，为金融机构适度分担或缓释贷款风险。

推进供给侧改革

勿误读供给侧改革

时下人们对供给侧结构性改革有三大误解：一是将供给侧改革等同于西方供给学派；二是认为供给侧改革就是政府调结构；三是认为供给侧改革的目标仅是"三去一降一补"。供给侧改革是习近平总书记提出的重要经济思想，是保持经济持续增长的中国方案，切不可望文生义。我写这篇文章，希望能对上面的误解作澄清。

经济学说：一国经济要保持稳定增长，总供给与总需求必须平衡。对此学界似乎并无分歧。分歧在于，当总供给与总需求不平衡时怎么办？迄今为止学界有两种相互对立的观点：凯恩斯的主张，是立足需求管理，重点扩需求；而供给学派却主张供给管理，重点促供给。这是说，以需求管理为主还是以供给管理为主，是凯恩斯学派与供给学派的分界所在。

往前追溯，经济学家大多是重视供给管理的。鼎鼎大名的萨伊定律说："供给能自动创造需求"。萨伊的意思是，一个国家只要管理好供给，就不会出现普遍生产过剩和失业。20世纪30年代之前，萨伊定律一直被奉为经济学的信条，从未动摇过。然而1929—1933年发生了经济大危机，西方国家失业率达到25%以上。凯恩斯1936年出版《通论》发起了对萨伊定律的"革命"，政府管理的重心从供给侧转到了需求侧。

对凯恩斯理论我在本专栏作过分析，这里不重复。只指出一点，凯恩斯对战后西方经济繁荣居功至伟，他也因此被誉为"战后经济繁荣之父"。遗憾的是好景不长，到上世纪70年代西方经济就陷入了滞胀。面对滞胀，人们不得不对凯恩斯理论产生怀疑。时势造英雄，供给学派于是应运而生，这样政府管理经济的重心又从需求侧回到了供给侧。其实从政策主张看，供给学派与凯恩斯并无大异。所不同的是，凯恩斯主张政府直接扩投资，而供给学派则主张通过减税扩投资。

毋庸讳言，凯恩斯学派和供给学派的理论我们都曾借鉴过。1998年应对亚洲金融危机，2008年应对国际金融危机，办法皆是扩内需；早在2009年初，国务院就推出了结构性减税，今天中央强调"降成本"，内容之一也是降税费。不过我要指出的是，我们的供给侧改革却不同于西方供给学派。前者重在调结构，后者重在减税扩投资。事实证明，当年里根推行减税不仅未解决美国的结构问题，反而加深了结构性矛盾。

是的，供给侧改革不同于供给学派，那么供给侧改革是否是由政府调结构？当然不是。要知道，供给侧改革有三个关键词，其中第一个关键词就是"改革"，这里的"改革"，是改革过去那种主要靠政府计划配置资源的体制机制，让市场起决定作用，同时更好发挥政府作用。换言之，供给侧改革强调的是从供给端发力，主要通过市场机制调结构而不是由政府调结构。

我曾说过，政府调结构有三个前提：第一，政府要事先知道未来怎样的结构是合理的结构；第二，政府官员要比企业家更懂市场；第三，行政手段要比市场手段更有效。可事实上这三个前提并不存在。在经济全球化背景下，市场变化莫测，政府怎可能知道未来 10 年、20 年怎样的结构是合理结构呢？而且企业家整天在市场摸爬滚打，政府官员也不可能比企业家更懂市场。再有，行政手段在公共品领域有效，但在一般竞争性领域，市场手段却比行政手段更有效。

最近听到一种议论，说某资源产业去产能后，现在又出现供给短缺、价格上涨，证明当初就不该推行供给侧改革。我不否认存在这种现象，但却不能因此否定供给侧改革。所以出现这种现象，原因是有些地方官员没有领会供给侧改革的要义。习近平总书记多次讲，供给侧改革要让市场在资源配置中起决定作用。可是有些地方去产能用的却是计划经济的老办法，由政府派任务、下指标，结果事与愿违与供给侧改革有何关系？

　　学界还有一种误解。有人认为，供给侧改革的目标就是"三去一降一补"。言下之意，只要完成了"三去一降一补"，供给侧改革便大功告成，可以鸣金收兵。为何说这也是一种误解呢？习近平总书记讲得清楚，"三去一降一补"只是供给侧改革的近期任务，长远目标是建立供给适应需求变化的体制机制，实行供需动态平衡。

　　正因为存在这种误解，少数地方才会急于求成，不惜用行政手段调结构。前年暑期我赴南方调研，就有不少地方官员介绍说，当地政府为了去产能、去库存，不仅给企业下指标，还规定时间表，要求限期完成。这种做法，显然背离了供给侧改革的初衷。供给侧改革当然要落实"三去一降一补"，但办法却不是行政手段，而是要通过改革配置资源的体制机制，用市场机制推动"三去一降一补"，并由此将近期任务与长远目标相衔接。

　　最后要特别指出的是，用市场机制调结构，并不是说政府可以置身事外。推动供给侧改革，政府应做好三件事：第一，进一步放开价格。让价格由市场决定，充分发挥价格反映供求、调节供求的功能；第二，进一步开放市场。关键是要打破行业准入限制，让生产要素自由流动；第三，提供公共品并保护产权。但凡市场不提供的公共品，政府皆要提供，而且对公有经济产权和非公经济产权，都应实行严格保护。

应该怎样去库存

近来学界关于"去库存"争议不小，不过分歧并不在要不要去库存，而是对怎样去库存看法不同。主要有两派观点：一派说，目前国内出现严重库存是由需求不足所致，认为去库存的重点是扩内需；而另一派说过度库存是由供给失衡引起，认为去库存的重点是改进供给。

两种看法貌似对立，但我认为他们只是说法不同，讲的却是同一回事。从需求看，产品库存增加当然是需求不足，若市场有需求，产品不会过剩；但从供给看，说需求不足是由于产品供给适销不对路也没错。市场需要的是木材，可供给的却是水泥，水泥没人买当然会压库。

所站角度不同，对库存的解释不同。问题是解释不同应对的办法会不同，所以对库存需要有科学的解释。何为科学的解释？我认为就是要用理论解释事实而不能用事实解释事实。

比如下雨天有人摔倒是个事实，如果你的解释是由于天下雨，那你就是在用事实解释事实。科学的解释，是路面摩擦力小。这是说，只要有足够的摩擦力，下不下雨人都不会摔倒。

让我再举一个例子，比如水的沸点。我们知道在北京烧开水到100度才会沸腾，而在高原地区，水烧到70度就可能沸腾了。若我们说海拔越高，水的沸点越低；海拔越低，水的沸点越高。这显然也是用事实解释事实。科学的解释：是水的沸点与气压有关而与高度无关。即便在万米高空的飞机上，只要保持标准气压水的沸点也是100度。

是的，解释事实必须借助理论。问题是研究库存我们该借助什么理论？在我看来有两个理论框架可以用：一个是马歇尔局部均衡分析的框架；另一个是瓦尔拉斯的一般均衡分析的框架。前者可用于分析一种商品为何会出现库存，而后者则可用于分析整体商品结构为何会失衡。从简单到复杂，让我们先分析一种商品的情形。

马歇尔说，如果商品的价格由供求双方决定，商品不会过剩。以电视机为例，若厂商的定价是每台3000元，消费者出价也是每台3000元，则电视机正好供求平衡，不会压库。反之，若厂商定价3000元，消费者出价2500元，如果此时厂商坚持不降价，那么电视机就会压库。可见，一种商品库存增加，原因是价格不能持续下降。

商品供过于求厂商为何不降价？原因是销售价格低于生

产成本企业就会亏损。换句话说，是厂商的销售价格被成本锁定了。麻烦就在这里，若短期内企业不降价只会增加库存，但若半年不降价企业就得限产（比如关闭部分生产线），这样就会形成产能过剩。而如果超过一年还不降价，于是企业也就成了"僵尸企业"。

以上分析的是一种产品，转从整个市场看，近年来国内为何会出现产品库存与供给短缺并存？对此我们可用一般均衡分析的框架来解释。瓦尔拉斯定律说：市场一定存在一组价格体系，可令全部商品的供给与需求平衡。反过来理解是，市场若不能全部出清，则必存在政府限价或者政府补贴，从而导致了商品的比价（价格体系）不合理。

瓦尔拉斯的推断是对的。比如前几年国内煤炭生产所以过剩，关键是煤炭企业无需支付原料成本。照理说，企业购买原料是要支付成本的，如纺纱厂需要的原料（棉花）就得花钱买；可煤炭企业的原料（原煤）却一直是免费供给，实际上这就是一种变相的补贴。既然原煤免费，企业当然要千方百计扩产，这样煤炭生产过剩也就不足为怪了。

如果煤炭过剩是因为原煤免费，可国内钢铁产能为何也过剩呢？原因其实也在价格。前些年原煤价格一路上涨，而电价却受到管制，由于煤电价格不联动，这样一方面造成了电力企业亏损，而钢铁企业却享受了用电优惠。也正因如此，所以才有了钢铁、电解铝等高耗电行业的产能过剩。

再看"僵尸企业"。说过了，企业产品压库或产能过剩而持续亏损，如果超过一年仍不关停并转即为"僵尸企业"。为何会有"僵尸企业"存在？我的解释是背后一定有政府支撑。事实确也如此。前些年我调研过一些亏损企业，有的企业资不抵债却苟延残喘，就是由于地方政府为了保就业给了企业补贴。要是政府不补贴，企业不可能存续。

综上可见，去库存的关键是放开价格，让价格不仅真实反映供求，而且要让价格在资源配置中起决定作用。时下有一种看法，认为供给侧结构性改革就是政府调结构。我不赞成这观点。顾名思义，所谓结构性改革重点在改革，是要通过改革资源配置机制调结构而不是政府调结构，否则就会重蹈过去计划经济的覆辙。

具体讲，让市场去库存有三个要点：第一，进一步缩小政府定价的范围，竞争性商品价格要尽量交由市场决定，让价格体系体现需求变化；第二，放宽市场准入、鼓励要素流动，让供给结构适应需求变化；第三，逐步取消对"僵尸企业"的补贴，让市场进行优胜劣汰。

当然，政府也要同时做好三件事：首先是进一步简政放权，降低企业的体制运行成本。其次，政府要维护公平的竞争环境，以降低企业的交易成本。可以肯定，做到了这两点企业库存产品便会有相应的降价空间。第三件事，是为处置后的"僵尸企业"职工提供保障与再就业培训。兹事体大，对此政府责无旁贷。

收入消费悖论

我曾撰文说过，投资、消费、出口并不是拉动经济的三驾马车，三者合起来是一驾，其中消费是马，投资是车，出口是车上的物品。若这样看，则投资就要以消费为牵引，消费如果不增加，增加投资无疑会增加库存或产能过剩。于是这就带出了一个问题：投资由消费带动，而消费由什么决定呢？

古典经济学的回答：消费由收入决定。是的，从亚当·斯密到马歇尔，大多经济学家也都这么看，认为消费是收入的函数。平心而论，古典经济学的消费函数不应该错；而且从事实观察，生活中收入决定消费的例子举不胜举。李嘉诚的收入高过我，他的消费也肯定高过我；东部地区居民的收入高过西部居民的收入，前者的消费也明显高于后者的消费。

然而马歇尔之后，经济学家的看法有了改变。首先是费雪，他在 1930 年出版的那本《利息理论》中，一开篇就说"收入是一连串的事件"。何为"一连串事件"？他的解释是指一连串消费活动。比如某人拥有 10 万元，若用 7 万元购买了生活品，这用于消费的 7 万元便是他的收入；余下 3 万元不是收入而是他的资产（如储蓄、股票等）。显然，在费雪看来收入可分广义与狭义两种：狭义收入等于消费；而广义收入则大于消费。

另一学者是凯恩斯。凯恩斯虽然认同消费函数，但他认为消费不会随收入同比例增长。1936 年，凯恩斯出版了《就业、利息与货币通论》，为说明一个国家为何会消费不足，提出了所谓"边际消费倾向递减规律"。意思是：随着人们收入增加，消费也增加，但消费增加却赶不上收入增加，这样消费在收入中的比重（消费倾向）会下降。从增量看，一个人收入越高，消费在收入中的占比就越低，故收入增长与消费增长并不同步。

对凯恩斯的分析，多数读者恐怕会同意。以我自己为例。1992 年我参加工作，当时月工资是 300 元，每月消费 270 元，留下 30 元存银行，其消费倾向为 0.9；后来月工资涨到 500 元，每月消费 400 元，留下 100 元存银行，消费倾向降至 0.8；现在月工资涨至 10000 万元，每月消费 4000 元，余下 6000 元存银行，消费倾向又降至 0.4。若我的工资有机会再涨，消费倾向会更低。大约 20 年前，有人曾对国内居民收入与消费作过实证，结论也说那时候消费倾向是下降的。

有实证支持，当说消费倾向递减毋庸置疑。可 20 世纪 50 年代后，消费信贷在欧美悄然兴起，不少人的消费支出却开始超出他们的收入，比如有人本来买不起房，但有了消费信贷他们便可通过银行贷款购买住房。时至今日，国内消费者贷款买车、买房的事也早已屡见不鲜。这现象的出现，无疑是对凯恩斯理论的挑战，同时也从另一角度证实了消费并非受收入约束，它可以超过收入。

果真如此么？对此有两位经济学家用自己的"假说"作了否定的回答。一是莫迪利亚尼的"生命周期假说"。此假说指出：在人生的不同阶段，消费与收入会有不同的安排。通常的情形是：年轻时消费会大于收入，有负债；中年时收入会大于消费，有储蓄；老年时，消费会大于收入，用储蓄弥补缺口。前后算总账，一个人一生的消费，最终仍取决于他一生的收入。这样看，消费并未超过收入。

另一是弗里德曼提出的"持久收入假说"，此假说认为，人的收入分为现期收入与持久收入，而决定消费的是持久收入而非现期收入。何为持久收入？弗里德曼说是指三年以上相对固定的收入。想想也对，现期收入固然对消费有影响，但影响不会大。一个人现期收入不高，但若持久收入高，他确实是可增加消费的。说一件往事，10 多年前我和同事一起曾赴云南临沧考察，当时那里茶农的收入很低，可银行却很乐意为他们提供建房贷款。何故？请教银行主事人，得到的回答是普洱茶将涨价，茶农今后的收入会提高。

以上两个假说角度虽不同，但殊途同归，讲的其实是同一道理：从短期看，一个人的消费有可能大于其收入；但从长期看，消费终归还是由收入决定。不知读者怎么想，我认为一定意义上算是挽救了消费函数。不过尽管如此，上述假说却有一个难题，它们仍解释不了美国 2008 年发生的房贷危机。比如照弗里德曼的假说，消费者按持久收入消费，银行按客户的持久收入贷款，请问怎会出现房贷危机呢？

说我自己的看法。这些天反复思考，在这里我提出两个推论：其一，假若有消费信贷安排，一个人的消费水平由持久收入决定；否则仅由现期收入决定；其二，在消费信贷的条件下，一个人的消费水平不仅取决于持久收入，同时也决定于信贷杠杆率。第一个推论好理解，不必多说，因为消费信贷就是将人们的未来收入折现为当期收入。第二个推论复杂些，让我举例解释：

某人自己有 100 万元想购房，假定银行不提供房贷，显然，他此时只能购买 100 万元的房产。现在假定有消费信贷，比如银行可提供 50% 的贷款，那么他用 100 万元就可购买到 200 万元的房产，杠杆率是 2 倍；而银行若提供 90% 的贷款，他用 100 万元便可购买 1000 万元的房产，杠杆率是 10 倍。由此见，信贷杠杆对消费的作用举足轻重。

今天学界的共识，当年美国房贷危机，始作俑者是过高的杠杆率。这也给我们一个提醒，当下中国经济稳增长需要提振消费，而提振消费，当然要有消费信贷的配合。但要提点的是，在扩大消费的同时，务必控制好信贷杠杆。美国房贷危机是前车之鉴，我们不可重蹈他人覆辙。

追问拉弗曲线

　　20 世纪 70 年代兴起的供给学派，影响至今仍如日中天。然而令人奇怪的是，该学派并没有足够分量的代表作。据我所知，供给学派发端于万尼斯基的《世界运转方式》和吉尔德的《财富与贫困》，可这两本书今天似乎早被人遗忘了，倒是拉弗当年画在餐巾纸上的那条抛物线却流传开来，而且被学界称为"拉弗曲线"。

　　拉弗曲线所以能够流传，一个重要原因应该是它简单直观。该曲线说：当税率低于一定限度，提高税率能增加政府税收，但若超过这一限度，再提高税率会使政府税收减少。何以如此？拉弗的解释是：过高的税率会抑制经济增长，令税基缩小，而税基减少政府税收会随之减少；相反，当税率过高时，减税则可刺激经济增长，扩大税基，税基扩大政府税收反而会增加。

有一则趣闻。据说里根出任总统前，拉弗曾向他推销自己的曲线，当拉弗说到"税率高于某一值人们将不愿工作"时，里根拍案叫绝："对就是这样。"并且举证说："二战期间我在'大钱币'公司当演员，当时收入附加税高达 90%。只要拍四部电影就达到这一税率，再拍第五部，收入 90% 都要交政府，我们几乎赚不到钱，所以拍完了四部电影后我们就不再工作，到国外旅游去了。"

英雄所见不谋而合。1981 年美国大选，里根胜出后立即聘请拉弗为总统经济顾问，拉弗曲线也因此声名远播，并逐渐成为经济学的主流理论。今天学界有一种观点，认为当年里根总统能够带领美国走出"滞胀"，看家本领就是拉弗曲线。此说虽然有争议，不过从当时流行的所谓"里根经济学"看，其核心思想的确就是减税。由此见，拉弗曲线对推动美国减税功莫大焉！

其实，拉弗曲线不仅推动了美国减税，今天国内学者主张减税的依据也是拉弗曲线。实话说，我自己以前也不认为拉弗曲线有错，而且曾多次写文章推介过。最近研究中国的结构性减税，如梦初醒，忽然意识到拉弗曲线有诸多疑点。比如对最佳税率怎么确定；税率高过最佳税率减税是否一定增加税收等，这些都值得深入追问。

说我现在的思考，理论上，最佳税率应该存在，但在实际操作层面其实无法确定。拉弗曾分析说，当税率为零时，政府税收是零；而当税率为 100% 时，政府税收也是零，故他认为最佳税率在零与 100% 之间。这分析肯定没错，可在零与 100% 之间具体怎样确定他却没明说。为何不明说？我认为不是他不想说，而是有难言之隐。

一个国家的税负水平，是指税收总额在 GDP 中的占比。我查到的有关统计数据显示：目前 23 个发达国家的税负水平平均为 27.7%，最高为 47.1%，最低为 14.6%；而 24 个发展中国家平均为 22.7%，最高为 37.7%，最低为 16%。各国差异如此之大，税率到底多高为最佳恐怕谁也说不清。问题在于，不知道最佳税率是多少，我们怎知道该不该减税？当年美国共和党内部出现减税与增税之争，原因就是对最佳税率的认定有分歧。

最佳税率难以确定是一方面。退一步讲，即便我们已经知道了最佳税率，拉弗的推断也未必能够成立。照拉弗的说法，税率向上越过最佳点就进入了税率禁区。而一旦进入税率禁区，拉弗认为政府减税即可增加企业投资，企业投资增加则可扩大税基，这样税率下降政府税收会增加。不知读者是否同意他的分析，而我却认为减税的结果有两个：政府税收可能增加，也可能会减少。

让我以所得税为例来解释吧。我们知道，所得税取决于两个因素：一是应税所得额（利润）；二是税率。假定某企业投资 2 亿元，利润率 10%，则利润是 2000 万元。若现行税率为

25%，则政府税收为 500 万元。现在再假定最佳税率是 20%，即现行税率超过了最佳税率。于是拉弗推断：若将现行税率从 25%减至 20%，企业投资会扩大、利润会增加，最后税收会超过 500 万元。

不错，减税确实能扩大企业利润留存、增加投资。但我认为拉弗只讲对了一半。事实上，投资增加并不等于利润（应税所得额）增加，两者不是一回事。经济学有个边际收益递减规律，说当企业投资达到一定规模后，再增加投资边际收益会下降。可引申出的含义是，企业若持续扩大投资，总有一天利润率要下降。若利润率下降，企业即便增加投资，政府的税收却未必能增加。

还是用上面的例子。比如政府将税率从 25%减至 20%，政府当年减税 100 万元，这 100 万元即变为企业的投资，由于边际收益率递减，假定利润率为 9%，则新增利润为 9 万元。于是企业总利润为（2000 万元 +9 万元）2009 万元，若政府按 20%的最佳税率征税，政府税收为 401.8 万元。由此见，减税后政府税收不仅没多过 500 万元，而且还减少了 98.2 万元。

让我们换个角度再想，一个国家何时减税呼声最高？当然是经济萧条期。经济萧条意味着生产过剩、产品严重压库，这时候减税固然可刺激投资，但若供给结构不变，加大投资无疑是火上浇油。企业库存不去，利润不能增加，请问减税怎可能增加税收？正因如此，所以习近平总书记多次强调：供给侧改革不等于供给学派减税，重点是调结构。

　　最后作一点说明，我对拉弗曲线提出质疑并不是反对减税。研究经济数十年，当然知道税负过重会挤出企业投资。我想说的是，当前中国经济稳增长绝非只有减税一个办法，推动供给侧改革效果会更好。为配合这一改革，政府减税也应立足结构减税，而非全面减税。

降成本的另一思路

最近学界关于降成本的文章多，关注点大致集中在两方面：一是怎样降企业内部成本；二是怎样降企业外部税费。对降企业内部成本，我不可能比企业家高明，没有多少发言权；而对怎样降企业税费，李克强总理在《政府工作报告》中已讲得够清楚，也用不着我重复。

我写这篇文章，是自己多年来一直有个想法，认为降成本除了以上两个途径，还有个办法可以一试。不过我想到的这个办法在操作上有些麻烦，要不要写出来之前一直举棋不定。这些天权衡再三，觉得还是应该写。其实，学者写文章只是提建议，最终拍板的是政府，基于这样的考虑，我这里姑妄言之，决策者就姑妄听之吧。

日常生活中，人们谈论的成本大多是财务成本，如固定成本、变动成本、总成本、平均成本等。而经济学讲的成本却不同，是指机会成本，即作一种选择而放弃其他选择的最高代价。两者的区别：前者指价值耗费；后者强调成本要从选择角度看。这是说，一项投资（价值耗费）存在选择，经济学认为是成本；若不存在选择则不是成本。

于是这就带来一个问题：从选择角度看，财务成本中的固定成本是不是成本？如果是，它是一种怎样的成本？如若不是，企业又该怎样处理才对？我们知道，固定成本主要构成是固定资产折旧，而目前通行的做法，折旧是摊入成本的。设想一下，假如我们能证明固定成本不是成本，那么折旧是否就不应再摊入成本？若折旧不进成本，企业成本是不是可以大大降低？

逻辑上，这样推理是对的。可问题是固定成本到底是不是成本呢？不知别人怎么看，我的观点：固定资产投资是成本；但固定资产折旧却不是成本。说固定资产投资是成本，理由是企业在决定购置固定资产之初，要不要购置有选择，投资有选择，当然是成本。可为何说折旧不是成本呢？因为固定资产一旦购置，企业便不再有选择，没有选择，"折旧"也就不能当成本看。

为便于读者理解，我再引入一个经济学概念："沉没成本"。在经济学里，"沉没成本"是指那种已经发生而无法回收的投资。现实中，这方面的例子俯拾即是。比如你上大学四年，共花去学费 10 万元，而无论你从学校学到了什么，也无论你最后是否能拿到毕业证书，学校都不会把学费退给你。覆水难收，这 10 万元就是你无法回收的投资，同时也是你的沉没成本。

更明确地说，沉没成本有两个特点：第一，是历史投资；第二，是覆水难收的投资。基于这两点，所以经济学认为沉没成本并非真正的成本。 对此，美国经济学家斯蒂格利茨曾作过这样的解释。他说，假如你花 7 美元买了张电影票，而你事先并不知道这场电影是否物有所值，结果看到一半你发现影片很糟，那么你要不要离开？斯蒂格利茨建议你应该离开。因为那 7 美元已经沉没，如果不离开，你还会赔上更多的时间（投资）。

理解了沉没成本，让我再回头分析固定成本。对企业来说，固定资产投资木已成舟，无疑是历史投资；而且企业如果不清盘拍卖，固定资产也无法变现，即便能变现也无法足额收回。这样看，固定资产投资显然具有"沉没成本"的性质。固定资产投资已经沉没，而经济学说"沉没成本不是成本"，既然不是成本，固定资产折旧也就不该进成本对不对？

大约三个多月前，有位南方的企业家来访，告诉我他所在企业已经连续两年亏损。我问什么原因？他说由于产品市场价格下跌。我问为何不降成本？他说高管和员工工资都降了，可前期固定资产投资太大，折旧费过高降不了。我问如果折旧不进成本企业可否盈利？他说可以盈利。于是我告诉他：折旧不进成本好了。

该企业有一定的代表性。若折旧不进成本，我想此类企业大多是可扭亏为盈的。举个例子。比如某企业生产打印机，假定打印机的市场销价为 2000 元；而生产一台打印机的变动成本（料、工、费）是 1800 元，折旧费为 250 元。假若将折旧费算成本，那么打印机的单位成本就是 2050 元。这样企业每生产一台打印机，就得亏损 50 元。但若折旧不进成本，则每台打印机可盈利 200 元。

是的，如果折旧不进成本，企业就有了降成本的空间。不过如此一来也有两个问题：一是这样处理是否会影响固定资产如期更新？二是成本降低后要多缴所得税，企业能否接受？对第一个问题，我的回答是不会受影响。理由简单，折旧不进成本，企业利润会增加，企业用利润积累同样可更新固定资产。事实上，折旧不过是杀鸡取卵，若企业长期扭亏无望，一旦破产预提折旧也于事无补。

第二个问题确实是个难题。之前我犹豫要不要写这篇文章，原因也在于此。不错，若企业销售收入一定，成本与利润则此消彼长。折旧不进成本，利润会增加，若所得税税率不降，企业就要多缴税，这对企业无异于雪上加斤。企业家不蠢，他们怎会接受我的建议呢？

由此看，问题的关键在能否下调所得税税率。操作上会有些麻烦，但最终取决于政府的决心。有一点政府要想清楚，让折旧摊进成本，企业利润减少，缴税也会少，若企业无利润，政府也就无税可收。假若折旧不进成本，企业利润增加，税率适当下调政府税收未必会减少。至于税率下调多少算合适，有关部门可以测算，我就不说了。

政府怎样补短板

时下国内经济"过剩"与"短缺"并存，政府提出不仅要"去库存"，同时也要"补短板"。关于去库存我曾在本专栏写过文章，这篇文章将重点讨论怎样补短板。围绕两个问题展开：一是目前国内经济"短板"何在？二是由谁来主导补短板？这两个问题相互有关联，为分析方便让我分开说。

国内经济"短板"在哪？对此学界见仁见智，至今尚无一致的看法，甚至对同一产业，也往往有两种相反的判断。说来其实也不奇怪，长短本来就是相对的，若不作对比，也就无所谓长短。读者想想，今天长线产业与短线产业并存，要是通过去产能让"长线"不再那样长，那么原来的"短线"是否也就不会再那么短？

还有一个原因，是看问题的角度。角度不同，判断也会不同。比如某产业从国内看供给短缺，但从全球看却可能是过剩；或者近期看供给不足，但长远看，比如过一两年则可能会过剩。有现成的例子，2009年国内钢铁曾供应短缺，可到2012年钢铁却出现严重库存。近两年去库存、去产能，钢铁产业可说是首当其冲。

是的，就产业结构而言，有长线就必有短线。问题是两者该怎样平衡呢？上世纪80年代初学界曾发生过一场争论。争论的焦点，是经济应按长线平衡还是按短线平衡？有人依据美国学者彼得提出的"木桶原理"，说木桶的盛水量由短板决定，于是主张按短线平衡。而有人不赞成，认为既然木桶盛水量由短板决定，那么就应该补短板，按长线平衡。当时我在大学读研究生，分不清到底谁对谁错。

现在可以说我的看法。在我看来，以上两种主张都是错的。顾名思义，所谓长线产业，表明该产业供给已经过剩，此时若不"去产能"而按长线平衡，其结果必然会令库存雪上加霜；相反，若按短线平衡，那么就得去产能。但若此时不补短板，仅单边去产能又恐难避免矫枉过正，造成资源浪费。而且短线产业一旦发展起来，今天的长线还很可能会成为日后的短板。

再往深处想，不论"按长线平衡"还是"按短线平衡"，其实都是计划经济的思维，潜台词是资源配置由政府主导，认为政府可通过"计划"实行经济平衡。但凡经历过计划经济的人，大概不会赞成这看法。理由简单：市场需求变化莫测，而政府却无先知先觉，不可能准确预知未来市场的变化。既然政府不知道未来市场的变化，怎可能通过"计划"让经济达到平衡呢？中国从计划经济转向市场经济，我想原因即在于此。

当然，我这样讲不是说补短板政府就不能主导。我的观点是，在一般竞争性领域，补短板要让市场主导；而在市场失灵领域，则由政府主导。为何竞争性领域补短板要交给市场？因为只有市场才知道"短板"在哪里（如某类产品价格上涨说明供应短缺）；而且市场价格还能自动调节供求。中央强调供给侧改革要让市场起决定作用，说到底就是要利用市场机制去产能、补短板。

竞争性领域补短板交给了市场，那么哪些短板需要政府补呢？原则上讲，凡是市场不能补的短板都得由政府补。历史与现实皆已证明，市场并非万能，有缺陷，至少在三个领域通常会失灵：一是公共品或公共服务领域；二是经济存在外部性的领域；三是收入分配领域。这是说，以上三个领域若存在短板，政府就责无旁贷，要承担起补短板的职责。

具体来说，在公共品或公共服务领域，我想到的短板首先是基础理论研究。经验告诉我们，每一次新技术革命的到来，都是以基础理论研究取得重大突破为支撑的。可基础理论的研究成果属公共品；相对于技术研发，也是我们的短板所在，所以需要政府加大投入。另外，诸如基础设施、义务教育、公共医疗服务等准公共品，有些市场不供给，有些市场供给不足，也是需要政府补的短板。

在经济存在外部性的领域，在我看来当前最突出的短板是生态环境。经济学说，造成环境污染的原因，是私人成本与社会成本的分离，即企业排污却不承担损害环境的社会成本。的确是这样，由于没有成本约束，企业才敢肆无忌惮地损害环境。然而今非昔比，如果说新中国成立之初 30 年困扰我们的是"温饱"，那时候人们还不太重视环境；那么今天显然不同了，生态环境已成为现代社会的"稀缺品"或"发展短板"。

困难在于，要补环境短板，就得将社会成本内化为企业成本，然而市场却对此无能为力。怎么办？20 世纪初经济学家庇古曾提出过一个方案，他建议由政府出面向排污企业课税，然后再补偿给污染受害者。可科斯不同意庇古的建议，他认为污染可通过排放权的市场交易来解决。于是有学者说，科斯提出的办法不需要政府，是"纯市场方案"。我可不赞成这看法。请问：如果没有政府出面界定产权（排放权），科斯方案何以落地？

另外市场还有一种失灵，那就是扩大收入差距。我们知道，市场通行的分配规则是"按要素分配"，而马克思在《资本论》中分析过，他得出结论说按要素分配必导致两极分化。改革开放之初小平同志曾经讲：鼓励一部分人先富起来，然后先富带后富，实现共同富裕。现在看，"按要素分配"确实能让一部分人先富起来，但收入差距也随之扩大了。今天贫困人口已成为"建设全面小康社会"的短板是明证；而且中央实施"扶贫攻坚"战略，其实就是在补短板。

创新驱动的难点

创新的动力

对"创新是发展的动力"我深信不疑，可近段时间却总在想：既然创新是发展的动力，那么创新本身的动力由何而来？绝非多此一问，前不久在一个座谈会上有科技部门的官员也说：体制创新与科技创新如同汽车的两个轮子，当务之急是要解决好创新的动力问题。

一语中的，这位官员点到了要害。是的，若不是创新动力不足，中央何必三令五申鼓励创新呢？不过仔细推敲，该官员的结论虽然对，但把体制创新与科技创新比作汽车的两个轮子未必恰当。其实，习近平总书记有个比喻更精辟："如果把科技创新比作我国发展的新引擎，那么改革就是点燃这个新引擎必不可少的点火系。"言下之意，是说科技创新需要体制创新去推动。

我写这篇文章，正是要讨论科技创新与体制创新的关系。

更确切地说，是要探讨怎样通过体制创新增强科技创新的动力。要回答此问题，首先得弄清楚科技创新的主体以及不同主体的追求目标为何？对以上问题若不清楚，体制创新便无所适从。而不知道体制如何创新，当然我们也就无法通过体制创新推动科技创新。

科技创新主体是谁？学界通常认为有三个：一是政府；二是企业；三是科技人员。不知读者怎么看，我的看法，政府是体制创新主体而非科技创新主体，政府可推动科技创新但不直接从事科技创新。企业与科技人员当然是创新主体，但两者的追求目标又有不同：企业追求的是利润最大化；而科技人员追求的是个人利益最大化。

政府作为体制创新主体，创新动力从哪里来？有学者认为是来自对民族复兴的追求。这看法我赞成。鸦片战争后一百年，中国积贫积弱、饱受凌辱，实现中华民族复兴确实是政府追求的目标。新中国成立后，国家赢得了独立，可之后三十年闭关锁国，经济发展处处受制于人。1978 年，中央召开十一届三中全会与全国科技大会，明确提出"以经济建设为中心"与"科学技术是生产力"的论断，由此中国进入了改革开放新时期。

可见，政府当初推动改革，既有追求中华民族复兴的动力，也有落后被挨打的压力。然而经过三十多年改革，今天中国已成为全球第二大经济体。问题在于，政府由各级官员掌控，随着改革的深入，改革已越来越多地触及官员的利益，因此我担心政府的改革动力会弱化。不是杞人忧天。读者想想，中央为何强调改革已进入深水区？我理解，就是提醒大家改革阻力在加大。

再看企业的创新动力。企业的追求目标是利润最大化。有利润最大化的牵引，照理企业应积极创新才是。可据我所知，时下不仅国企缺乏创新动力，民企也普遍创新不足。何以如此？我的解释，是技术创新有风险。经济学家奈特在《风险、不确定性与利润》一书中曾将企业分为三类：风险偏好型；风险中型；风险规避型。现实中由于创新失败的概率往往高于成功的概率，而大多企业又属风险规避型，这样创新不足也就不奇怪了。

要追问的是，企业分为国企与民企。国企的创新风险由国家（或全民）承担，可为何国企不放手创新？思来想去，我认为问题出在企业绩效考核上。国企创新失败虽无需高管赔钱，但势必要影响企业当年的绩效。投鼠忌器，企业高管对创新难免患得患失；民企不同于国企，民企有创新动力，可民企由于缺乏风险分担机制，创新失败得由自己兜底，故对创新也往往会心有余悸。

再看科技人员。科技人员的创新动力既来自他们的报国情怀，同时也来自对自身利益的关切。比如有人是为了发表论文评职称；有人是为了申请专利获大奖；有人是为了分享成果转让的收益。但无论出于何动机，科技人员都不会缺少创新动力。官方数据说，我国专利申请连续五年居全球之首，年均超过 100 万件；到去年底我国专利拥有量已超过 100 万件。两个 100 万足可佐证这一判断。

由此看，增强创新动力，重点是在政府与企业。说过了，政府是体制创新主体，而且体制创新要服务于科技创新，为表述方便，让我先说国企与民企，然后再说政府。增强国企创新动力，我认为关键是要让国企高管有动力。有两招：一是将技术创新（如研发投入）作为企业绩效考核的重要指标；二是对高管采用"工资 + 期权"的薪酬机制：工资与年度绩效挂钩，期权与整个任期的创新收益挂钩。

怎样推动民企创新？据上文分析，民企创新不足是因为没有风险分担机制。这是说，只要有人肯为民企分担风险，民企一定会大胆创新。问题是这种风险分担机制怎么建？我想到的是开放创新板市场。众所周知，纳斯达克（创新板）对推动美国技术创新居功甚伟，而英国 1995 年也开放了创新板（AIM）。别人有成功经验我们可以借鉴，听说上海正在紧锣密鼓试点，是好消息。晚开不如早开，应该尽快推开。

最后再说政府。行文至此，我想读者其实已经清楚了如何创新体制，现在的难题是谁来推动？最近社会上有一说法，认为时下有些政府官员不思改革与高压反腐有关。这看法肯定是错的。某些官员缺乏改革动力是事实，但并非因为反腐，而是改革触动到了他们的利益。以往机构改革如是，今天审批制改革也如是。正因如此，我认为体制创新要由中央顶层设计，靠中央的权威自上而下推动。

产业升级的秘密

学界对产业升级有两种解释：一是用高新技术改造提升现有产业；而另一解释是产业重心依次从第一产业向第二、第三产业转移。对以上两种解释，我赞成第一种。严格地讲，产业重心转移属结构升级而非产业升级。产业升级有两个前提：一是产业保持不变；二是生产效率或产品附加值要提升。否则，就不是产业升级。

举农业的例子。众所周知，人类早期农业刀耕火种、广种薄收，生产效率极低；后来随着犁、耙等手工农具的出现，生产效率逐步提高。直到 17 世纪工业革命到来，机器的发明推动了机械化农具的采用，农业才真正得以升级。不过到 19 世纪末，农具的自动化程度虽不断提高，但种植技术却未有大的改进，故此前的农业被称为"传统农业"。进入 20 世纪后，生物技术开始应用于农业，于是传统农业向现代农业升级。

从上面的例子可以看出，农业的升级是逐次从"劳动密集型"到"资本密集型"再到"技术密集型"。通观经济发展史，其实不只是农业，其他产业的升级路径也皆如此。比如制造业，先从手工生产升级到机械化生产，然后升级到智能机器生产；服装业最初也是手工缝制，后来采用半自动缝纫机，而今天则采用全自动化机器。

这样就提出了一个问题：从"劳动密集型"到"资本密集型"再到"技术密集型"，此路径是否是产业升级的一般规律？如果是，那么这一规律形成的内在机理为何？如若不是，比如产业可从"劳动密集型"直接升级为"技术密集型"，那么促成这种跨越式升级的原因又是什么？我写这篇文章正是要揭开隐含在其背后的秘密。

不可否认，从农耕社会到工业化中期，产业升级确实是从"劳动密集型"转向"资本密集型"。正因如此，马克思当年用"资本有机构成"来反映产业的技术水平。所谓资本有机构成，是指由资本技术构成决定的价值构成。技术构成是机器与劳动力的配比；而价值构成是技术构成的货币形态。比如原来机器与工人的比例为 1：1；而现在为 5：1，则技术构成提高了 4 倍。技术构成提高，作为价值形态的资本有机构成也会提高。

要追问的是，工业化中期前企业为何会普遍提高资本有机构成？我的解释，是产业内部的竞争所致。具体说：第一，企业作为市场主体皆有追求利润的动机；第二，为取得超额利润企业间必出现竞争；第三，产品价格不由企业决定而由市场供求决定。既然企业不能自行定价，要争取超额利润就只能降成本。而要降成本，当然得提高资本有机构成。

举例解释吧。假若有三家企业生产同样的玻璃杯，而玻璃杯的市场价格每只10元。这是说，玻璃杯若超过10元，消费者不会买。既然价格不能涨，企业要赚取更多利润，关键就看能否降低成本。怎样降低成本呢？办法无外是降低生产耗费或者提高生产效率，而这两者都需使用先进的生产设备。多年前我曾考察过宁波的一家汽车零配件加工企业，据称使用数控机床后不仅材料耗费比原来降低了1.2%；生产效率也提高了3倍。

是的，降低耗费可直接降成本；不过想深一层，提高效率实际也是降成本。生产效率提高，表明用同一时间生产的产品数量增加，单位产品所耗费的劳动时间减少。劳动时间的节约，当然是成本的节约。从这个角度看，我们就不难理解工业化中期前的产业升级为何会从"劳动密集型"转向"资本密集型"。说到底，是价格被市场锁定后，企业为争取超额利润不得已的选择。

以上分析的是工业化中期之前的情形。然而进入工业化中后期，特别是第三次新技术革命后，产业升级却发生了变化，有不少企业直接从"劳动密集型"跃升为"技术密集型"，也有企业一经设立便是"技术密集型",微软、英特尔、苹果公司等就是典型的例子;而且据我所知,国内的大牌制药企业"同仁堂"、"九芝堂"等,产业升级也主要靠提升技术含量,而不是提高有机构成。

于是我们要问,为何微软、苹果公司不再走传统升级的老路?读者也许会说,是新技术革命带来的改变。不错,这肯定是与新技术革命有关。但若进一步问:第三次新技术革命到来已近半个世纪,可至今为何仅有少数企业能跨越式升级而多数企业不能?显然,对这现象仅用新技术革命难以解释。我的观点,新技术革命是产业跨越式升级的必要条件而非充分条件,背后另有更深层的原因。

深层的原因是什么呢?对此我们需借助经济学的"受价"与"觅价"原理作分析。所谓"受价",是指企业被动接受市场价格;"觅价"是指企业自主定价。而且经济学指出,所有竞争性企业皆为受价者;而垄断企业皆为觅价者。经济学还说:垄断企业所以能觅价,是因为它有独特技术,别人无法竞争,它可通过调控产量主导定价。

问题的关键就在这里。读者想想,一个企业一旦拥有了定价权,争取超额利润还需降成本么?当然不需要。无需降成本,企业也就不必去提高有机构成。相反,由于市场上存在众多潜在竞争者,为了维护定价权,企业会不断加大创新投入,让产品向更高的技术层面升级。留心观察,其实生活中不乏这样的例子，比如苹果手机现已升级到 iPhone7，可苹果公司自己主要只做研发，产品却委托给别的企业生产。

最后归纳一下本文要点：第一，产业升级是部门内企业竞争的结果，目的是争取超额利润；第二，产业升级路径取决于定价权，企业没有定价权会向资本密集型升级，而有定价权则升级为技术密集型；第三，定价权来自独特技术，要实行跨越式升级，前提必须有独特技术。

比较优势并非陷阱

时下学界有一流行观点，认为李嘉图当年提出按比较优势分工的理论已经过时。10多年前在一次学术会议上就曾听人这样讲过，不过当时我以为只是那位教授的一家之言，没有特别在意。最近研究产业升级问题查阅文献，才发现国内持此看法的学者不少，甚至有人危言耸听，称李嘉图的分工理论是"比较优势陷阱"。

读过多篇有关"陷阱"的文章，理由大同小异，皆说发展中国家的比较优势是劳动力成本低，若按比较优势参与国际分工，发展中国家应生产并出口劳动密集型产品，这样在与发达国家贸易中虽能获益，但由于发达国家生产的技术与资本密集型产品附加值更高，发展中国家实则处于不利地位。长此以往，发展中国家与发达国家的差距会越拉越大。

骤然听似乎不无道理，可我却不同意这分析。正本清源，我们不妨先来看看李嘉图自己到底怎样讲。李嘉图指出，比较优势不同于亚当·斯密所讲的绝对优势，绝对优势是指自己与别人比的优势；比较优势则是指自己与自己比的相对优势。国际分工所以要按比较优势进行，是因为这样分工可以互利。何以如此？李嘉图用下面的例子作了论证：

英国与葡萄牙均生产毛呢与葡萄酒，英国生产 10 尺毛呢，需要 100 小时，酿一桶葡萄酒需 120 小时；而葡萄牙生产同量的毛呢与葡萄酒，分别只需 90 小时与 80 小时。显然，生产两种商品英国皆不占优势。然而李嘉图说，如果两国各自与自己比，英国的比较优势是生产毛呢，葡萄牙的比较优势是生产葡萄酒。假如 10 尺毛呢可换一桶葡萄酒，英国用 100 小时生产的毛呢，便可换得自己需要 120 小时才能生产出的葡萄酒；葡萄牙用 80 小时生产的葡萄酒，便可换到自己需要 90 小时才能生产出的毛呢。

仔细琢磨，这个例子其实包含了李嘉图分工理论的三个要点：第一，一个国家与其他国家比若不存在绝对优势，但自己与自己比必有比较优势；第二，分工要以交换为前提，没有自由的交换则不可能有产业分工；第三，按比较优势参与分工，分工各方皆可节约成本，是多赢。归总起来说，李嘉图认为由于比较优势无处不在，只要不对贸易设限，按比较优势分工一定能增进社会福利。

应该说，李嘉图以上论证无懈可击，可为何学界有人将此视为发展中国家的"陷阱"呢？我的看法，是这些学者误读了李嘉图的"比较优势"。"陷阱"论者说，劳动力成本低是发展中国家的比较优势，发展中国家若按比较优势分工只能生产劳动密集型产品。显然这一推论的前提是错的。要知道，发展中国家劳动力成本低，那是与发达国家相比。李嘉图说得清楚，与别人比的优势是绝对优势，不是比较优势。

事实上，不同的发展中国家国情不同，各自的比较优势也各不相同，不能笼统说发展中国家的比较优势就是劳动力成本低。比如印度，作为发展中国家，印度不仅有劳动力成本低的优势，同时也有软件研发的优势，可自己与自己比，软件研发的优势更大，故印度的比较优势是软件研发。中国也如是。中国和发达国家比，资本并不占绝对优势，但和自己比资本却是比较优势，不然就解释不了国内企业为何会向"资本密集型"产业转型。

再往深处想，参与国际分工的主体是企业而非国家。李嘉图举英国与葡萄牙分工的例子，那是个理论分析模型，他的本意并不是让两个国家分别生产毛呢和葡萄酒，而是让两个国家的企业做这样的分工。这就是了，既然企业是参与分工的主体，那么比较优势就应从企业角度权衡。一个国家有众多企业，有的企业劳动力占优势；有的资本占优势；有的技术占优势，怎可武断地对一个国家的比较优势下定判呢？

这是一方面。另外，"陷阱"论者还有一个隐含的假设，那就是"比较优势"恒定不变。可事实也并非如此。举我自己的例子。上大学前我种过地，也当过会计。两相比较，当会计是我的比较优势，于是考大学时我选择了学经济。在大学里（本科、硕士、博士）学习了十年，毕业时我既能当会计，也能做理论研究，但比较起来我认为自己的优势是理论研究。比较优势变了，所以我没有去当会计而选择做了教师。

是的，一个人的比较优势会变；其实企业也一样。改革开放前，国内大多企业从事的是初级产品加工，技术含量低。改革开放后，通过引资、合资和进出口贸易，国内企业不仅积累了资本，也学得了技术。到今天，许多企业的比较优势已不再是低成本劳动力，反而是资本或技术。去企业看看吧，你会发现大量企业都在用机器替代人工。这一事实，已让"发展中国家比较优势是低成本劳动力"的观点不攻自破。

"陷阱"论者也许会说，国内企业向资本密集型与技术密集型转型，不正好证明李嘉图的分工理论失灵么？我可不这样看。巧妇难为无米之炊，而且企业家不蠢，要是资本或技术不是比较优势，企业怎可能转型？不然我问你：企业为何三十年前不转型而现在转型？合理的解释，当然是企业的比较优势变了。比较优势变了，投资方向才会变。

所以我的结论是：企业分工的变化决定于比较优势的变化。而这种变化，是对李嘉图分工理论的印证而不是否定。由此给了我们一个重要启示：一个企业要改变自己的分工定位，必须先让自己具备相应的比较优势，否则只能是空谈。

风险、不确定性与创新

90 多年前，美国经济学家奈特出版了《风险、不确定性与利润》，顾名知义，奈特在那本书里研究的是风险、不确定性与利润的关系。而我这里搬字过纸，用"创新"替换"利润"写文章，是想借助奈特的分析框架，讨论怎样应对创新失败而可能出现的损失。

我第一次读《风险》一书，是在 20 多年前。说实话，当时给我的感觉，奈特的书很不好懂。并不是理论本身有多么艰深，而是他关于风险、利润等概念的定义与我之前知道的完全不同。后来又重读多遍，才渐渐明白他到底在说什么。下面是他的几个重要观点，容我作简要陈述：

（一）关于企业与企业家。根据人们对风险的态度，奈特将人分为三类：风险偏好型；风险中型；风险规避型。他说，大量的事实表明，规避风险的人通常会将钱存入银行；风险中型的人可能会用少量的钱买股票；而只有那些偏好风险的人才会投资创业成为企业家。于是他得出的结论是，企业（家）是应"风险"而生。

（二）关于风险与不确定性。在奈特看来，风险源自不确定性。同时他将不确定性分为两类：一类是可以量度的不确定性；一类是不可以量度的不确定性。前者是指风险发生的概率可根据经验数据估算，如汽车交通事故的概率是万分之三，飞机失事的概率是三百万分之一。奈特说，可量度的不确定性是风险而非真正的不确定性，只有不可量度的不确定性才是"不确定性"。并指出，利润不是来自风险，而是来自不确定性。

（三）关于不确定性的处理方法。奈特的观点，应对不确定性有两种处理方法：一是通过"合并"（购买商业保险）规避风险；二是用"分散"（损失分担）的方法处理。为何要采用"分散"方法？奈特解释说：与其让一个人损失 1 万元，不如让 100 人每人损失 100 元。而另一形象的解释是："两个人每人失去一只眼睛，要好过让一个人同时失去两只眼睛。"

对奈特的上述观点，学界一直有争议。比如他说企业（家）是因"风险"而生，科斯就不同意。科斯认为，企业是计划与市场的边界，企业内部是计划，外部是市场，是因为信息不对称导致市场交易费用过高人们才组建企业。想深一层，科斯的解释与奈特其实并不矛盾。信息不对称意味着什么？当然是风险，要降低风险就会产生交易费用。可见两人只是说法不同，道理却相通。

再一点争议：可量度的风险与"不确定性"是否不同？有学者认为，无论风险可否量度，都属于"不确定性"。我理解，奈特说可量度的风险不同于"不确定性"，是指这种风险不会给当事人造成意外的损失。是的，如果风险可以量度，表明事故发生的概率可以预知。既然可以预知，当事人就会购买保险规避损失。在这个意义上，"可量度的风险"与"不确定性"的确不是一回事。

除了以上两点，我认为还有一点需要补充。奈特说处理风险有"合并"与"分散"两种方式："合并"是指由专业化机构（如保险公司）进行风险对冲；而"分散"是指风险分摊到更多的人承担。问题是，在何情况下选择"合并"或在何种情况下选择"分散"，奈特却没有明确说。我要补充的是：但凡可量度的风险皆可"合并"处理，而不可量度的不确定性，则应"分散"处理。

于是这就带出了本文要讨论的话题，应该怎样应对创新失败可能出现的损失？是"合并"处理还是"分散"处理？我们知道，任何一项创新都有可能失败，有可能失败就会有损失。可是现在有一个奇怪的现象，虽然今天保险业十分发达，生老病死、天灾人祸都有保险公司提供保险，但却不见有哪家保险机构为"创新"保险，此为何故？

对此现象，也许读者会有自己的解释。而我的解释是：保险公司所以能提供某类保险，那是因为该类保险的出险概率可以量度。反过来说：迄今没有保险公司愿意为"创新"保险，则一定是创新失败的概率在量度上有困难。不要误会，我这里说的"有困难"不是指失败概率不能计算，根据历史数据，以往失败的概率完全可以算得出。我的意思是：如此算出的概率创新者未必会接受。

举例说吧。假若计算出某地区以往创新项目失败的概率为90%，保险公司于是按90%的概率收取保费。你认为创新者会购买保险么？我认为不会。道理简单：创新是"不确定性"事件，历史的失败概率并不等于未来的失败概率，此其一；其二，创新者的成功预期通常高于失败预期。经验说，他们对失败的预期概率一般不超过50%，否则不会投资创新。倘如此，创新者怎会花高保费投保呢？可从保险公司看，若按50%的概率收保费，现实概率一旦超过50%，它将必破产无疑。

据此分析，由于创新具有不确定性，决定了它可能出现的损失不能通过"合并"规避。既然不能"合并"，那么就只能"分散"。问题是怎样"分散"呢？我想到的是"有限责任公司"。事实上，公司的作用不单是集中资本，更重要的是分担"盈亏"。巴特勒说，公司是近代最伟大的发明。此话不错。工业革命以来全球共有160多种重大创新，其中80%都是由公司完成的。

再往深处想，公司对创新重要，但有了公司，还得有融资平台。在这方面，美国的"纳斯达克"是成功的范例。美国创新领先全球，"纳斯达克"功不可没。于是我想，政府要推动创新，也要搭建融资平台。国内创新板已开板两年，生正逢时，前景可观。愿创新板一路走好！

企业何以存在

"企业何以存在"是个老话题。在大多经济学者看来，科斯1937年发表的《企业的性质》一文已经为这个问题画上了句号，学界无需再讨论。科斯的这篇大作我读过无数遍，关于企业边界(计划与市场的边界）的分析让人醍醐灌顶。1991年，他因在交易成本和产权理论研究方面的贡献获得经济学诺奖，是实至名归。

科斯在行内大名鼎鼎，既然他画了句号，我这里为何还要旧话重提？实话说，我认为科斯只是解释了企业与市场的边界为何由交易成本决定，并未说清为何会有企业存在。事实上，交易成本只能决定企业配置资源的规模；而企业的出现，并非因为市场有交易成本。读者可以自己作验证，你去随便找一位企业家，问他当初为何办企业？十之八九不会说"为了节省交易成本"你信不信？

在科斯的文章发表之前，对企业的存在学界有过多种解释。经济学鼻祖亚当·斯密是从分工的角度分析，著名例子是制针。他说，制针共有 18 道工序，如果没有分工，让一个人独立完成一天难以制成一枚针，而通过分工协作，一天可制出 4800 枚。后来经济学家厄舍据此得出结论说：企业是为了取得分工的收益而存在。

与斯密和厄舍不同，美国经济学家奈特则用"不确定性"作解释。他说，经济活动通常需要协作，而协作一方面要有人作为管理者负责指挥，同时也要有人将自己置于管理者的指挥之下。问题是谁来做管理者？奈特解释，由于市场存在不确定性，管理者只能是那些对市场变化具有特殊判断力（专门知识）的人。当管理者与被管理者建立起某种组织联系时，就出现了企业。

然而科斯却不赞成上面的解释。一方面，他同意分工能提高效率，但认为分工并非企业存在的理由。他指出：实现分工的收益不一定需要建立企业（一体化），也可以通过市场交易实现。比如有 A、B 两人分工，A 专门纺纱，B 专门织布，然后 A 可将纱锭拿到市场出卖，B 则从市场购买纱锭，这样通过市场 A、B 分工的收益皆能实现，没有必要成立企业。于是科斯推断说，若 A、B 组成企业，一定是企业替代市场的交易成本更低。

科斯对奈特的论证也提出了质疑。科斯承认市场存在不确定性，也不否认需要有人对市场变化作预判，可他认为这并不意味着有判断力的人就得亲自进入企业，他们可以通过出卖自己的"建议"取得收入。科斯还说，企业的存在其实与不确定性无关，在不存在不确定性时也需要指挥，而有判断力的指挥者所以进入企业，是因为在市场出卖"建议"（指挥）的交易成本高。

科斯不同意厄舍和奈特，而我也不完全同意科斯。那么企业到底为何存在呢？回答此问题我认为需要说清楚三点：第一，要素所有者组建企业的动机是什么；第二，要素所有者中谁会是企业家；第三，企业规模由何决定。只有将上面三点讲明白，才算真正从学理层面解释了企业的存在。

先说企业形成的动机。有一点可以肯定，要素所有者同意组建企业，他们一定有共同的目标，否则不会同意合作。这个共同目标是什么呢？我认为不是科斯所说的节约交易成本，而是追求规模经济收益（即通过扩大产量增加收益）。我曾说过，经济学的资源稀缺假设是指人的生命有限，要素所有者要在有限时间里争取自己最大化收益，就必须实行要素整合。只有将要素整合成企业，才可能扩大产量，取得规模经济收益。

这样就带出了第二点，要素一旦整合就要有企业家指挥，那么谁是企业家？奈特认为，由于市场存在不确定性，具有市场判断力（知识）的人会成为企业家。这看法显然不对。我的看法，在资本、劳动力、技术等要素中，何种要素更稀缺，该要素的所有者就是企业家。若资本更稀缺，则资本雇佣劳动，资本所有者成为企业家；若技术更稀缺，则技术雇佣资本，技术所有者是企业家。

再说第三点：有了企业和企业家，企业规模由何决定？有两种说法：通常的解释，最佳规模是由边际收益等于边际成本决定的产量；而科斯却说是由企业配置资源与市场配置资源的交易成本决定。到底哪一种说法对？我认为两种说法都没错。要知道，科斯讲的企业规模不是指产量，而是指企业配置资源的规模。资源规模与产量不是一回事，前者由交易成本决定，后者决定于边际收益等于边际成本。

写到这里，我想回到操作层面说说我们讨论这个话题的现实启示，也是给创业者三点提醒：

首先，创业要选准投资方向。前面分析过，企业形成的动机是追求规模经济收益，但取得规模经济收益有个前提，那就是产品有需求。若某产品已经过剩，再增加投资无疑会雪上加霜。产品卖不出，怎可能取得规模经济收益？故对创业者来说，选准投资方向是第一要务，否则选错方向，必满盘皆输。

其次，创业者要有要素整合能力。若有读者准备创业，你不妨扪心自问：你是否拥有相对稀缺的生产要素？目前资本与创新性技术相对稀缺，如果你拥有资本或创新性技术，当然可以创立企业。但若你既无资本也无创新性技术，你凭啥整合别人的生产要素？别人也不傻，你想空手套白狼也许能得逞一时，但不可能长久，更不可能成为企业家。

再次，创业的重点是将企业做优做强。一般地讲，企业可通过扩大产量取得规模经济收益，但规模并不是越大越好。经济学说，企业最佳产量由边际收益等于边际成本决定。如果生产一旦超过最佳产量，边际收益会小于边际成本，规模收益反而会递减。由此给我们的启示是，创业并不是一味将企业做大，大可不必盲目扩张。

让市场作主

论外部性问题

经济学讲外部性有两种：一是负外部性。如某人行为对他人产生了损害而却不予补偿，结果私人成本小于社会成本；另一是正外部性。即某人从事经济活动对他人带来了收益而却不参与分享，于是私人收益小于社会收益。出现这两种情况，经济学家大多认为市场会失灵。

我写这篇文章，要重点讨论三个问题：第一，外部性究竟会否导致市场失灵？第二，出现负外部性后政府应该怎样做？第三，学界为何较少关注和研究正外部性？这是否意味着正外部性无足轻重而政府可以不管？其实，以上三个问题有关联，只是为了方便讨论我要分开说。

庇古是较早关注外部性的学者之一。他在 1920 年出版的《福利经济学》中举过一个例子。从甲地到乙地，A、B 两条公路皆可抵达。其中 A 路窄而平坦，行驶快；B 路宽而崎岖，行驶慢。司机为节省时间都愿走 A 路。可如此一来，A 路经常拥堵。庇古说，由于每个司机只考虑节约自己的时间而不考虑堵车增加别人的时间，导致私人成本与社会成本分离，于是市场失灵。

见到 A 路越堵越严重，有的司机迫不得已改走 B 路，这样最终会形成一个均衡点：即走 A 路与走 B 路耗费的时间相同。庇古说，既然 A、B 两路最后耗费的时间相同，政府若一开始就对走 A 路的司机抽税，让部分司机主动走 B 路，这样走 B 路的司机没有损失，而走 A 路的司机则会受益，但由于走 A 路需要缴税，总体看私人成本与社会成本相等。

"公路"的例子今天尽人皆知。而庇古用这个例子要表达的观点是：但凡存在外部性的地方，市场会失灵，而要弥补市场失灵，就要有政府干预。可到 1924 年奈特写文章质疑庇古。他问：假若政府不收税而让企业对 A 路拥有特许经营权，企业不也会收费么？奈特这里其实是说：公路不收费并非市场失灵，而是政府缺位所致。

奈特不愧是经济学大师。如此一问，不仅推翻了庇古"外部性导致市场失灵"的观点，同时也引出了鼎鼎大名的"科斯定理"。1960 年，科斯发表《社会成本问题》一文，专门研究了怎样将社会成本内化问题。科斯说："若交易成本为零，无论产权怎样界定皆不影响经济效率。"反过来理解："若交易成本大于零，政府则应根据交易成本高低界定产权，不然就会影响经济效率。"

科斯用下面的例子作了分析：假定某工厂向外排放废气，如果企业不承担污染环境的社会成本，企业就会肆无忌惮，长此周边居民必与工厂发生冲突，而要协调冲突就会产生交易费用。对此，之前庇古的办法是对工厂收税，而科斯则主张界定产权。比如，政府不给企业排污权，而同时将"社会成本"量化为排放指标让企业去市场购买，这样社会成本则可内化为企业成本。

科斯的观点很清楚，当某经济行为存在负外部性时，政府要做的并不是收税，而是要给行为人界定权利。不过由此想多一层，存在负外部性是否皆需要政府界定权利？我认为不一定。几年前，我听说过一件事：某投资商拟在某居民区附近建学校，学校建成后，难免会造成周边交通拥堵，对居民显然有负外部性，可居民却一致赞成建学校，你知道为什么？

真实的答案：建学校虽有负外部性，但同时也会拉动周边房产升值，形成正外部性。综合权衡，只要正外部性足可弥补负外部性，居民就不会反对。居民不反对，也就不会产生交易费用。科斯定理说，若交易费用为零，产权界定给谁不重要。既如此，现在居民与投资商意愿一致，没有交易费用，当然用不着政府界定权利了。

转谈第三个问题。迄今学界为何较少关注或研究正外部性？时下有一种说法，是因为正外部性不会引发社会冲突，所以学界未将此作为研究重点。可我却不这样看。不错，具有正外部性的行为能给他人带来收益，的确不会有人反对，但没人反对并不代表这个问题不重要。正外部性的重要性我认为要从另一个角度看。

想问读者：过去我们的基础设施建设为何滞后？也许你会说，是政府财力有限，投资不足。那么我再问：政府财力有限为何不让民企投资？你会答：不是政府不让民企投资，而是基础设施投资不赚钱，民企不愿投资。说得对。这现象若用经济学解释，那是投资基础设施有正外部性，而投资者不能分享外部收益，所以才不投资。

有大量事实可以印证此判断。上月赴六盘水调研，看到乡村公路四通八达，起初我以为是政府出资修建，可当地官员说是民企投资。我不解，问民企怎会投资修路？当地官员说，政府将部分荒置山地的经营权授给了企业，修路后土地升值，民企经营土地可以盈利。一语道破，原来是政府通过界定产权将社会收益内化成了企业收益。

另一可佐证的事实是"PPP"。所谓PPP，是政府用特许经营授权引导民企投资基础设施的一种模式。此模式所以成功，就在它能解决社会收益的内化问题。由此见，当某经济行为存在正外部性时，即便不发生交易成本政府也应发挥作用。不过政府的作用不是替代市场，而是界定权利，让投资者私人收益与社会收益相等。

　　最后让我总结本文观点：第一，出现负外部性并不是市场失灵，而是由于政府缺位；第二，当存在负外部性且产生较高交易费用时，政府应出面界定产权；第三，若某投资存在正外部性，即便不产生交易费用，政府也需为投资者界定权利。

科斯定理的疑点

产权问题学界讨论了多年，今天学界的共识是：产权不同于所有权：所有权是财产的法定归属权；而产权则是指财产使用权、收益分享权与转让权。由此说，产权是否清晰与所有权无关，无论财产所有权公有还是私有，产权都有可能不清晰，所以经济学讲明晰产权并不是要将财产公有变为私有。此点重要，我要特别说明。

国内学者对产权的关注，始于 20 世纪 80 年代初农村土地承包制改革。土地承包制，实质是将农村的集体土地所有权与经营权分离，让农户拥有土地经营权。后来国企改革，也是实行生产资料所有权与经营权分离。1991 年，美国经济学家科斯获得诺贝尔奖，"产权"概念才在国内渐渐流行开。其实，我们如果将"经营权"定义为使用权、收益权、转让权，经营权与产权就是一回事。

我作此文当然不只是解释概念，而是要对科斯定理的适用性提出质疑。多年来对科斯定理我一直有疑惑，不是说该定理完全不对，但也不是无懈可击。比如对如何解决负外部性问题，科斯断然否定"庇古方案"而主张用市场取代政府，此主张我认为就大可商榷。

1960 年，科斯发表了《社会成本问题》一文，学界流行的所谓科斯定理，就是后来学者根据该文核心观点所作的归纳。其标准表述是："只要交易成本为零，产权界定清晰，无论产权界定给谁市场皆可引导经济达到高效率。"显然，此定理包含两个假定与一个推论：第一，假定界定产权的交易成本为零；第二，假定产权有清晰的界定。若这两点成立，推论是解决外部性无需政府干预，市场能够让资源配置达到高效率。

举例说吧：一家工厂排放烟尘，这样势必会给居民造成污染，于是产生了负外部性问题。负外部性怎么解决？英国学者庇古提出的方案是，由政府向工厂征税而后补偿给居民。可科斯认为，若界定产权的交易成本为零，解决外部性问题政府只需界定产权而不必征税。科斯的解释是：若将产权界定给居民（让居民有不受污染的权利），工厂自己会在烟囱上安除尘器；若将产权界定给工厂（让工厂有排放烟尘的权利），居民会出资给工厂安除尘器。

如果界定产权的交易成本真的为零，科斯定理似乎成立。

但应指出的是，交易成本为零只是个理论假设，在真实世界交易成本不可能为零。这一点科斯其实很清楚，于是他指出当交易成本不为零时，产权应根据交易成本的高低界定：若产权界定给工厂的交易成本更低，产权就界定给工厂；反之，产权就界定给居民。

是的，当交易成本不为零时，产权可根据交易成本的高低界定。然而值得追问的是，根据交易成本高低界定产权，市场真能引导经济达到高效率么？这些年我反复思考，想到的答案却是"不确定"。为便于理解，容我先对科斯所指的"高效率"作说明。

在经济学里，"高效率"有两种解释：一是高生产率；二是资源配置的"帕累托最优状态"。从科斯的《社会成本问题》看，他说的高效率是指后者。何为帕累托最优？帕累托最优是指这样一种状态：在某种给定的资源配置状态下，任何改变都不可能是至少一个人的状况变好，而不使任何人的状况变坏。若一种改变让某人状况变好而未让其他人状况变坏，此状态不是帕累托最优，而是帕累托改进；若一个人状态变好而同时让其他人状况变坏，这样的状态也不是帕累托最优。

如果用"帕累托最优"表示高效率，科斯定理则有明显的疑点。事实上，当交易成本不为零时，即便按交易成本高低界定产权，市场未必能引导经济达到高效率。读者要注意，我这里说"未必能"不是完全不能，而是有可能不能。何以见得？还是让我用前面工厂与居民的例子分别对产权界定的两种情况作分析。

第一种情况：假定产权界定给居民的交易成本相对低，政府将产权界定给了居民。若产权一旦这样界定，工厂就面临两个选择：一是自己花钱在烟囱上安除尘器；二是花钱向居民购买排放权。毫无疑问，无论工厂最后作怎样的选择，结果都能将社会成本内化为工厂的私人成本，居民利益得到保护，于是资源配置达到帕累托最优。

第二种情况：假定产权界定给工厂的交易成本相对低，政府将产权界定给了工厂。在此情况下，居民要免受污染损害就得花钱替工厂安除尘器。问题就在这里，工厂排放废气造成的环境损害是工厂的社会成本，可现在如果让居民给工厂安除尘器，社会成本并未内化企业成本，而是转嫁给了居民，这种状态显然不是帕累托最优，因为工厂利润增加的同时，居民的收入却变少了。

由此见，在第一种情况下科斯定理成立；而第二种情况将产权界定给工厂，通过市场解决负外部性并未达到帕累托最优。这是说，界定产权的交易成本不为零时，即便清晰界定产权，但只要产权不界定给居民，科斯定理便不成立。

读者看明白没？正是基于以上分析，故对科斯定理我认为不必盲从。我的观点，解决负外部性既要发挥市场作用，同时也不能排斥政府作用。负外部性若能通过市场解决当然好，但市场若不能将社会成本内化为私人成本，政府就要出面调节；再有，要想通过市场减少负外部性，前提是将产权界定给居民，否则权责不对等，长此负外部性会愈演愈烈。

社会收益何以内化

　　科斯 1960 年发表《社会成本问题》，旨在证明经济活动存在负外部性时市场不会失灵。该文的核心观点今天被学界称为"科斯定理"，其完整表述是：只要交易成本为零，产权界定清晰，市场机制会将社会成本内化为私人成本，于是负外部性得到矫正，市场不会失灵。

　　令人遗憾的是，科斯分析的只是负外部性，事实上，经济活动除了负外部性还存在正外部性，即私人收益小于社会收益的情形。当存在这种正外部性时市场会否失灵呢？科斯没有明确说。查阅相关文献，也未见哪位学者对此作过专门分析。这里我以《论社会收益问题》为题写文章，就是要讨论市场机制能否将社会收益内化为私人收益。如果能，那么实现内化的条件为何？

　　负外部性与正外部性的区别，在于前者可能引发社会冲突而后者不会引发社会冲突。如某企业拟在某地建化工厂，工厂排污会给周边造成污染，倘若如此，居民就有可能抵制建工厂；但若某企业拟在某山区投资修公路，修公路不仅方便居民出行，还能带动周边土地升值，这样就不会有人反对修路。经济学家过去对正外部性关注不多，正是因为人们不反对这种有正外部性的投资。

可我要指出的是，正外部性虽不会引发社会冲突，但并非没有相应的后果。可以推定，若某项目投资的私人收益小于社会收益，此项目通常不会有企业投资。有一个现象不知读者是否注意到，过去基础设施为何大多是由政府投资而非企业投资？学界有人解释基础设施是公共品，故需要政府提供。这说法显然不对。经济学定义的公共品是指消费不排他的物品，而基础设施的使用大多具有排他性，怎会都是公共品呢？

我的解释，企业不投资基础设施，真正的原因是投资的私人收益小于社会收益。这方面的例证举不胜举，前不久我到西南地区调研，座谈会上有位县委书记说，他所在的那个县盛产竹笋，市场对竹笋也有需求，可大山里不通公路，竹笋运不出来，农民有钱赚不着。我问县里为何不帮助修路？他说县财政没有资金。我问为何不招商引资让企业修路？他说修路虽可增加农民收入，可山区车流量少，修路的收益不高，企业不愿投资。

是的，偏远山区地广人稀，修路的私人收益难免会小于社会收益。设身处地想，你若是企业家，大概也不会去大山里修路吧？由此看，要鼓励企业家修路，就得设法将社会收益内化为企业收益，至少要让修路的收益不低于社会投资的平均收益。问题是怎样才能将社会收益内化呢？学界流行观点认为：市场对此无能为力，唯一办法是政府对投资者给予补贴。

政府给补贴对刺激企业投资当然有效，但在我看来这并非唯一方案，也不是最佳方案。留心观察，现实中其实有大量通过市场将社会收益内化的成功探索。下面是几个不同类型的案例，让我对这些案例作分析。

案例一：2005 年初，湖南双峰县委、县政府决定在老县城的外围扩建新城区。可当时政府财力不足，无力投资基础设施，于是拟引进省内"大汉集团公司"投资。大汉集团也表示愿意参与县城基础设施建设，但希望政府给予新城区部分土地开发的经营授权。经双方协商达成一致后，结果仅用三年时间就完成了新城区的扩建。

案例二：六盘水娘娘山普古乡，过去是典型的穷乡僻壤，可近五年山乡巨变，今天公路已四通八达，基础设施一应俱全，2016 年，农业旅游收入达到 4 亿元。为何会发生如此大的变化？原来，当地企业家陶正学与农民联合成立了普古银湖种植养殖农民专业合作社，陶正学用 1 亿元投资基础设施，而农民用土地入股，共同将娘娘山打造成了远近闻名的农业旅游产业园。

　　案例三：此乃学界众所皆知的例子。养蜂人住在苹果园旁边。蜜蜂可为果树授粉；果树可供蜜蜂采蜜，养蜂人与果园主皆能享受对方提供的社会收益，故可以互不收费。问题在于：如果养蜂人与果园主所提供的社会收益不对等怎么办？庇古认为此时市场会失灵，应由政府给受益少的一方提供补贴。而真实世界的处理是：受益多的一方会向受益少的一方付费。若不付费，是因为受益少的一方考虑到交易费用才未向对方收费。

　　读者也许要问，社会收益为何出现三种内化方式？我的回答，是正外部性投资所面对的约束不同。比如案例一，由于社会收益的受益人不确定，投资者若不能得到政府相应的经营授权，社会收益就无法内化。案例二不同于案例一，由于社会收益有确定的受益人，投资者便可与受益人进行股份合作，通过按股分红内化社会收益。而案例三又不同于案例二，由于两个投资者互为社会收益的受益人，则社会收益可互相内化。

　　写到这里，本文有三点结论：第一，经济学应该关注投资的正外部性，而解决正外部性的唯一法门是将社会收益内化为企业收益；第二，当社会收益没有确定的受益人时，政府不能袖手旁观，可通过相应的经营授权（如 PPP 模式）推动社会收益内化；第三，当社会收益有确定的受益人时，政府应引导投资者与社会收益的受益人进行股份合作，而且要保护产权，营造公平合作的投资环境。

投票悖论与公共选择

  但凡面临公共选择，人们往往想到的是投票，认为只有投票才能保证结果公正。的确，公共选择不同于私人选择，你个人选择买什么样的住房与他人无关，用不着别人投票。可公共选择关乎公共权益，当然需要尊重民意。可问题是：民意表达是否一定要通过投票呢？

  我的看法，投票是民意表达的一种方式，但并非唯一的方式，也未必是最好的方式。何以见得？让我们看经济学怎么说。美国经济学家布坎南认为，公共选择的最高准则是"一致同意"。可他又同时指出，由于人们的利益存在差别，要求"一致同意"会产生昂贵的成本，甚至有可能达不成任何协议。舍优求次，于是只好降低同意的"百分比"，比如从100%同意，降为80%、70%，或者是51%，这样就形成了"多数同意规则"。

  相对于一致同意，"多数同意"显然可降低决策成本，但由于每项决策都是在有少数人反对的情况下通过，这样又难免使公共选择带有某种强制色彩。而对此人们通常的看法是，少数服从多数是一种"民主"选择的过程，它虽然使少部分人受损，但却可让大部分人获益。从整个社会角度看，仍不失为一个"好"的决策。

可法国学者孔多塞却不这样看。孔氏怎么看？让我借助下面的例子解释：假定有三家公司同属一主管部门，现在主管部门决定将其合并为集团公司，集团公司的总经理将从三家公司现任经理中产生，他们分别是牛经理、杨经理和马经理。可供选择的方案有：职工普选（A）、主管部门任命（B）、按资金实力确定（C）。最终到底采用哪种方案，由三位经理采用投票的方式决定。

以上三家公司中，牛经理公司职工人数最多，资金实力最弱，与主管部门领导关系还行。因此，牛经理会希望职工普选，最反对按资金实力确定。杨经理公司职工人数最少，资金实力居中，但跟主管领导关系"铁"，因此他赞成主管领导任命，而最反对职工普选。马经理公司资金实力最雄厚，但与主管部门领导积怨很深，因此他最赞成按资金实力确定，反对主管领导任命。

现在有趣的事发生了。按多数同意规则，三个投票者中总有两人认为方案 A 优于方案 B；方案 B 优于方案 C；方案 C 优于方案 A。如此一来，哪个方案最终通过则取决于投票的次序。比如先对 A 和 B 投票，牛经理和马经理更偏好 A，则 A 方案通过；若先对 A 和 C 投票，马经理和杨经理更倾向 C，则 C 方案通过；若先对 B 和 C 投票，牛经理与杨经理更倾向 B，于是 B 方案通过。

这一有趣现象，最早由孔多塞发现，后来美国学者阿罗又作了进一步研究。他发现，如果让两个以上的投票者就两个以上的方案表决，就有可能出现循环的结果，而且出现的概率会随着投票人数和供选方案增多而上升。经过严格数学证明，他得出了一个令人震惊的结论：任何多数同意规则，都不可能万无一失地保证投票结果符合多数人意愿。此结论学界称为"阿罗不可能性定理"或"投票悖论"。

阿罗的"投票悖论"对人们无疑是一种警告。由此给我们的启示是，公共选择固然要尊重民意，但尊重民意未必一定就要投票，我们不必迷信投票，更不可唯票是举。事实上，正如市场可能失灵一样，投票也有可能会失效。尽管失效的概率很小，但这并不意味着阿罗的警告无足轻重。我们知道，飞机失事的概率不到万分之一，但一旦掉下来对乘客可就是百分之百的灾难。

不知读者是否赞成阿罗的观点，为了帮助读者理解，我再作三点补证：

第一，关于阿罗"多数人同意"不一定代表多数人的利益的结论，我这里可用一个真实的例子佐证。20 多年前，我家乡的父母官为了增加农民收入希望发展多种经营，具体说就是在珊珀湖搞珍珠养殖，经集体投票，结果多数人同意办起了珍珠养殖场。可不料几年下来珊珀湖被严重污染，村民怨声载道而群起反对，于是 10 年前又不得不叫停。

第二，按"多数人同意规则"选出的官未必就是好官。古人云：为官一任，造福一方。所谓造福一方，是说当官要为老百姓办事。问题也在这里，官员只要办事就有可能得罪人。办好事会得罪坏人，办坏事会得罪好人。读者想想，要是官员的职务晋升完全只看选票，当官的谁会去得罪人？若一个官员为了不丢选票而不办事，碌碌无为，充其量就是个好好先生，当然不是好官了。

第三，投票竞选必然产生成本，而且成本呈递增趋势。从经济学角度看，投票竞选类似于市场竞买，谁花费的推介成本高谁就有可能胜出。正因如此，竞选成本会不断攀升。以美国为例。我看到的数据，1980 年美国总统的竞选成本是 1.62 亿美元；而到 2000 年则上升为 5.29 亿美元；到 2012 年又上升到 20 亿美元。要知道，竞选成本是非生产性费用，成本过高对社会无疑是浪费。

写到这里有一点要说明，我说民意表达不一定要投票，但我并不反对投票。前面说过，投票也是民意表达的一种方式，若供选方案和投票者不多，需投票表决当然可以投票。不过我要强调的是：公共选择不能只靠投票。民意表达其实有多种方式，除了投票，民主协商也是重要方式，且更符合中国国情。我这样讲读者能同意么？

投票与协商的边界

　　我曾在本专栏写《投票悖论与公共选择》，在该文中我说民主的方式不一定只是投票，也可以采用协商方式。当时限于篇幅，对民主协商未作展开分析。我写这篇文章，是想在前文基础上进一步讨论投票与协商的选择边界，进而指明民主在何条件下可以投票而在何条件下应该协商，抑或在何条件下两种方式应该并用。

　　据学者考证，民主一词源于希腊文（demos，人民；kratein，治理），通常解释为"主权在民"。而人们所讲的民主政治，则是指国家事务由人民当家作主。时至今日，学界不会有人反对人民当家作主，可对人民怎样当家作主却有不同的解释。难题在于，人民是由众多个体构成的群体，彼此间存在利益差异，这样人民当家作主就不能每个人都说了算；但也不能每个人都说了不算。由此看，实行民主需要有相应的机制。

人类对民主机制的探索，最初是在私权领域，而最为典型的是商品交换。是的，商品交换的过程，其实就是民主协商的过程。举个例子。假定有甲乙两个人，甲生产布匹，乙生产斧头。现在甲需用布匹交换乙的斧头，布匹与斧头的交换比例怎么定？当然得由甲和乙讨价还价确定。请问，这里的讨价还价是不是协商？当然是协商。而且这里的协商有两个前提：一是交换自由；二是交换平等。若交换一方对另一方强买强卖，就不会有协商。

早期的商品交换是物物交换，货币出现后，随着交换范围扩大，风险也扩大了。为了防范可能出现的风险，交换双方在商定好相关条件后，口说无凭，于是将议定的条款以书面形式写下来，然后签字画押，这样人类就出现了商业契约。1762年，法国思想家卢梭在《社会契约论》中将契约精神定义为"自由、平等、守信"，很多学者认为这是卢梭对亚里士多德"正义论"的发挥；而我却认为是他对当时商品契约原则的提炼。

商业契约是私权契约，从私权契约到公权契约是人类民主的一次跨越。私权契约不同于公权契约，前者属经济民主，后者属政治民主。时下流行的观点说，经济民主可以协商，政治民主只能投票。从历史上看，公元前5世纪雅典城邦的政治民主确实是投票，但这并不能证明政治民主就只能投票。我可举出反例：公元前494年罗马城发生了一件大事，许多平民集体撤离罗马城，去圣山建造自己的城市。由于平民出走，造成罗马城生产停顿、兵源匮乏，于是贵族派代表与平民协商。所谓"保民官制度"，就是那次协商出来的成果。

于是就带来了一个问题，公权领域的民主究竟应该投票还是协商？我的看法不能一概而论。经济学说，制度选择决定于制度的运行收益与成本。若果如此，在投票和协商间作选择，就需要对两种制度的收益和成本作比较。投票（或协商）制度的收益，可用决策结果所代表的民意来表示，所代表的民意越广泛，收益就越高；投票（或协商）制度的成本，可用形成决策所发生的交易费用衡量，交易费用越高，成本就越高。

若从这个角度分析，我们便有两个推断。

推断一：从收益维度看，投票体现众意，协商体现公意。就代表民意的广泛性而论，前者明显不如后者。何以作此判断？说来理由简单，因为现实中通行的投票规则是"多数同意"而非"一致同意"。既然不是"一致同意"，投票的结果当然只代表部分人的利益。然而协商不同，协商是为了寻求和体现最大公约数。对公意与众意的这种区别，卢梭讲得清楚："公意着眼于公共利益，众意着眼于私人利益，众意只是个别意志的总和。"

推断二：从成本维度看，投票的交易费用会递增，协商的交易费用却相对稳定。论成本，前者也不如后者。说过了，投票体现的是众意，若存在两个以上的利益群体，为争取中间者投票，不同群体难免要竞争，而这种竞争类似于市场竞价，结果必会推高投票的交易费用。为何说协商的交易费用相对稳定呢？因为协商是谋求公共利益，用不着投票。不存在拉票行为，交易费用自然稳定。

照此推断，从收益与成本两个维度看，协商皆优于投票，那么公权领域的民主是否都应协商？原则上应该是，但也不尽然。不知读者是否注意到，我上面的推断暗含了一个假设，即公共选择皆需体现公意。可真实世界并非如此。多数公共选择事关公共利益，需体现公意；但也有少数公共选择无关公共利益，只需体现众意。所以我的观点：需体现公意的选择必须协商，只需体现众意的选择可以投票。

若说得再具体些，可大致分三种情况。

第一种情况：选择事关公共利益且同时存在负外部性，此类选择应该协商。举个例子，某县拟引进某化工项目，投产后可增加财政收入和就业，但同时也会给周边居民造成污染。若由全县人民投票决定，赞成者肯定是多数。而一旦投票通过，多数人无疑就绑架少数人。如果由协商决定，项目也可能会引进，但厂方会被要求控制污染，或者给少数人合理补偿。

第二种情况：选择事关公共利益但不存在负外部性，可由于人们受益程度不同而有不同的选择取向，此类选择应该协商与投票并用。我想到的例子是政府建公共图书馆，人们职业不同，有人去图书馆看书的机会多，有人去看书的机会少，甚至有人不去图书馆。由于受益程度不同，对政府建图书馆有人赞成，而多数人可能不赞成。图书馆到底要不要建？可取的办法是先协商，去说服那些不赞成者，然后在协商的基础上再投票。

第三种情况：选择无关公共利益，但却需要尊重民意，此类选择可以投票。如某单位年底评"先进"，选谁当"先进"要尊重民意，但无论结果怎样皆不影响公共利益。这是说，选"先进"只需体现众意，可以投票决定。但要是选官就不同了，官员行使公共权力会涉及公共利益，故选官不能以票取人。而且前面分析过，投票竞争会推高交易成本。从成本考虑，选官也应多方沟通，协商决定。

流行的误解

资源稀缺与生命有限

　　一门科学的建立通常需要有假设，而经济学的假设之一，是资源稀缺。有个问题要问读者：经济学为何将资源稀缺作为假设？是真实世界的资源并不稀缺还是经济学家无法证明资源稀缺？我的看法是后者。若资源不稀缺，经济学不必研究资源配置；而假设资源稀缺，最大可能是经济学家说不清资源到底是否稀缺。

　　是的，因为资源稀缺，经济学才需要研究资源配置。可问题是世界上的资源真的稀缺么？从某些资源供给看，比如目前煤炭和石油储量急剧下降，要不了多少年就会枯竭，此类资源无疑是稀缺的。但也有一类资源如江上清风山间明月，人们享之不尽、用之不完，这类资源似乎又不稀缺。那么经济学的"资源稀缺假设"能否成立呢？

　　不瞒读者，这问题一直困扰我多年。后来要给学院授课，绕不开、躲不过，于是我曾提出过一种解释，有两个要点：第一，资源稀缺假设是为了界定经济学的研究范围，意思是经济学只研究稀缺资源的配置，供给无限的资源不研究；第二，所谓稀缺资源是指有价格的资源。物以稀为贵，价格越高，说明资源越稀缺。

以上解释避开了资源是否稀缺的争论，听上去好像也能自圆其说。不承想，前年我写《经济学反思》时再次推敲，却发现这解释是循环论证。比如我说经济学只研究稀缺资源的配置，而稀缺资源是指有价格的资源。读者看出其中的破绽没？事实上，价格本来是需要经济学研究的，而我却说有价格的资源经济学才研究，这不是循环论证是什么？

此路不通，当然得另辟新径。也算功夫不负有心人，近两年我反复思考，现在又想出了新的解释：原来，对"资源稀缺假设"不应从资源的供给看，而应从需求的角度看。换句话说，从需求角度看，"资源稀缺"的实质是指人的生命有限。人的生命有限与资源稀缺有何关联？笼统说读者不容易明白，下面让我分四个层次来论证。

第一层：人的欲望无限。说人的欲望无限应该不会错，欲望乃人之天性，而且人的欲望大小与身份地位无关，与钱多钱少也无关。说我自己吧。我有自知之明，明知自己买不起直升飞机，可每次遇到交通堵塞却时常异想天开，希望自己有直升飞机。相信别人也会有类似的想法，你去问一个乞丐，假如有一套免费的别墅和茅草屋供他选择，他会怎么选？他一定会选别墅对不对?

第二层:人的欲望无限而需求有限。要提点的是,经济学所说的需求是指有效需求,而不是指人的欲望。何为有效需求? 通俗的解释,是有购买力的需求。比如我希望拥有直升飞机却无钱购买,我的希望就是欲望,不是需求。这方面的例子多,也不难理解。但读者要明白,经济学但凡讲需求,不论是否提"有效"皆是指购买力。欲望与购买力是两回事,不可混为一谈。

第三层:购买力有限源于生产有限。萨伊定律说:供给能自动创造需求。是的,人们卖出自己的商品,是为了购买别人的商品,既然大家都是为买而卖,这样有供给当然就有需求。再往深处想,该定律还有一层含义,即购买力要受商品生产能力的约束。举个例子,假如你只能生产1万元商品,将商品卖出后你得到1万元货币,而1万元货币也只能购买别人1万元商品。由此见,一个人购买力有限,归根到底是他生产有限。

第四层:生产有限是由于人的生命有限。人生七十古来稀,说的是人的生命有限。今天科技进步、医疗发达,长命百岁的人不罕见,可即便活到一百岁,人的生命却仍然有限。前面我说一个人的欲望得不到满足,是因为他没有足够的商品去交换别人的商品。所以如此,原因是他的生命有限。生命假若无限,他就能生产出无限多的商品。

综合起来我的结论是:资源稀缺假设的依据是生命有限。

一方面，人的欲望无限；另一方面由于人的生命有限，有生之年的劳动时间有限，导致生产用于交换的商品有限，于是有效需求（货币购买力）有限，这样才使得人的欲望与需求之间出现了缺口。

对上述结论，我想再作三点补证：

众所周知，西方经济学今天只研究效用价格，不再讨论商品价值，但不讨论不等于不存在。马克思说，商品有使用价值与价值；劳动有具体劳动与抽象劳动。具体劳动创造使用价值，抽象劳动创造价值，商品价值量由社会必要劳动时间决定。可见在马克思看来劳动的时间是最重要的资源，资源稀缺即为时间稀缺。此其一。

其二，经济学研究资源配置，另一原因是人们做选择存在机会成本。机会成本读者都熟悉，是指作一种选择而放弃另一选择的代价。要追问的是：人们在作一种选择的同时为何要放弃另一选择？答案当然是时间稀缺。理由简单，时间若不稀缺，不会有机会成本；没有机会成本，也就无需研究资源配置。

第三点补证，是对一种现象作说明。有人说，人类选择存在机会成本不单是劳动的时间稀缺，也可能是资本稀缺，比如同一笔资金，投向甲项目就不能投向乙项目。我的看法，资本是物化劳动的载体，本身来自剩余价值的转化，而剩余价值由劳动创造，将资本还原也是劳动时间。从这个角度看，资本稀缺其实就是时间稀缺。

中国农业后继无人乎

祖祖辈辈都种地，自己出身农民不可能不关心农业。当下的困难是，政府需要粮食安全；城里人却希望粮价低一些；而种地的农民则指望粮食能卖个好价钱。这三方目标皆有理，但统不起来，令人头痛。问题就摆在这里，解决得好，大家皆大欢喜；否则三方都会输，而且会输得惨。何去何从？看来政府得审慎考量。

我一贯的观点，中国不该缺粮食。18亿亩耕地，人均一亩多地粮食怎会不够吃？今天粮食所以短缺，一是耕地撂荒严重；二是农民广种薄收。而这一切，归根到底又是粮价低。想想吧，一亩地种粮的收入，不计人工，除去成本仅500元左右。面朝黄土背朝天，十亩地收入才换一部手机，农民怎可能精耕细作呢？我老家历来是鱼米之乡，过去粮食一年种两季，可如今却改种一季，个中原因我不说读者也会明白吧！

是的，从经济学看，中国的粮食安全，背后其实就是个粮价问题。只要粮价够高，农民靠种粮能致富，中国粮食绝无短缺之忧。可粗略算，若粮食亩产能达 700 斤，有 6.3 亿吨粮食中国人自给绰绰有余。要是再不够，粮价涨到五元一斤，不要说外国粮食会如潮水般涌来，农民的房前屋后都会种粮你信不信？所以政府要保粮食安全，别无他法，关键是要维持高粮价。粮食多了补贴休耕，让粮食紧供应；而粮食少时则放开价格。

我曾到豫东平原做过调查，那里的农民说，政府给种粮补贴，意图好，但农民不容易得实惠。这边国家发补贴，而那边农药化肥就涨价，此补彼涨，两相抵消农民往往得不偿失。三年前在云南曾与农民座谈，会上有人算账：目前国家给的种粮补贴，直补加综合补贴，满打满算每亩不过百元，而当地粮食亩产千斤，若政府不管价格，一斤粮食涨五毛，一亩地则可增收五百元。这是说，农民并不希望补贴而更乐意政府放开价格。

这当然是从农民的立场看。若换个角度，要是政府放任不管，粮价涨了城里低收入者怎么办？何况学界这几年一直有人说中国的通胀是农产品涨价所推动。当然，这说法是错的。前些天我已撰文分析，指出通胀与农产品涨价无关。不去管它，但如何让城里低收入者买得起米倒是个难题。不过想深一层，此事说难也不难，现在国家一年给农民的补贴近八百亿，若政府放开粮价，用这八百亿去补城里人买米，每人补八百元可补一亿人，城里哪有一亿人买不起米呢？

由此看，放开粮价不仅农民可增收；国家有粮食安全；而购粮补贴也让城里低收入者利益无损。一举三得，是多赢，何乐而不为？若再长远看，也是本文要说的重点。这些年，由于种地收益低，农村青壮劳力皆纷纷进城务工，留守的大多是老人孩子。长此以往，中国农业会不会后继无人？并非杞人忧天。去农村看看吧，今天的年轻人还有多少在家务农？难怪前几天农业部总经济师陈萌山先生也发此感慨：中国未来"谁来种地、谁来养猪"！

人无远虑必有近忧。于是有专家出主意说，解决此问题有三法：一是要从娃娃抓起，在中小学植入农业内容，引导学生对农业的兴趣；二是要对青年农民进行职业培训，培育更多的种田能手；三是要用优惠措施吸引部分进城人员返乡。这三条办法不能说不对，但隔靴搔痒，不过是治标而已。我们这代人，中小学差不多都应该学过农吧，可长大后谁不想跳"龙门"？而当下的年青人不务农，也并非缺乏职业培训那样简单，若种地的收入低，即使有培训又怎样？农学院不是也有很多毕业生改行么？

至于吸引进城人员返乡，思路大体对，我赞成。但我认为返乡农民工未必能成为未来农业的主力，他们的年龄会越来越大，而且也不懂现代农业。将来农业的主力，恐怕只能是城里那些有资本、懂技术、会管理的人。现在需要我们研究的，是怎样才能把这些人吸引到农村去。不知别人怎么想，有一点我肯定，若无利益驱动，单靠政府号召将于事无补。不仅城里人不会去，就是农民工也不会回去。你想想，搞农业若不如搞工业赚钱，跑去种地岂不是发神经！

别误会，我这样讲并不是要国家拿钱去补贴投资农业。其实，投资农业的收益并不必然比投资工业低。虽然威廉·配第曾说过："从业之利农不如工，工不如商。"但那是三百年前的"小农生产"；若改做现代农业，种地照样是可以大赚的。何谓现代农业？简单地说，一是现代农业科技，二是现代生产方式。显然，农业要现代化，起码的一点就是土地要规模经营。像目前这种状况，人均一亩多地，赚钱当然不会多；若是让一人种五百亩、一千亩，收益就未见得低于投资工业了。

不是什么深奥的理论，事实上，规模经营早已是人们的共识。而跟下来的问题，是土地如何集中？前些年，土地集中难度大，那时政府总担心农民失地。想来也对，土地乃农民立命之本，没有地靠什么生存？然而今非昔比，今天真正的"农民"（以种地为职业）已不多，十年后会更少，如此，若土地承包再不改，日后耕地撂荒会比现在更严重。未雨绸缪，所以推动土地集中刻不容缓。政府眼下要做的，就是赋予农民耕地产权。这样一来不仅有利土地集中，农民也可用"地"入股取得收益。两全其美，岂非善哉！

政府为何热衷征地

　　前篇文章我写中国今后谁来种地，观点有三：一是政府通过补贴休耕让粮食紧供应，放开粮价；二是推动土地集中，让种粮者能取得规模收益；三是赋予农民耕地产权。这第三点重要，但当时是结合土地集中谈，未做展开。言犹未尽，故这里再作专文讨论，当然不想去空谈产权概念，概念重要但读者未必有兴趣，还是让我从目前广受关注的"征地问题"下笔吧。

　　毋庸讳言，这些年因征地惹出的麻烦实在不少。明显的，农民上访事件现在与日俱增。几年前在南方讲学，我就亲眼目睹农民在省府前静坐，并打出"还我耕地"的大字横幅。曾听信访部门的朋友说，近年农民来京上访，多数也是因耕地被占。这现象看来并非个别，而且政府高层恐怕也清楚，所以多次强调在耕地上要一寸不放，一口不松，寸土不让。

　　学界当下有个观点，认为土地征用引发冲突是因为给农民的补偿不足。言下之意，只要给农民多一些补偿冲突便可化解。不否认，补偿不足肯定是诱因之一，也是事实。据中国人民大学最近的一份调研报告显示，近三年失地农民中，未得补偿的就有 12.7%；有补偿承诺但未兑现的占 9.8%；分期补偿的占 12.8%。这是说，只有 64.7% 的农民拿到一次性补偿，且标准普遍偏低，每亩平均仅 1.87 万元。

是专家调查的数据，真实性不用怀疑。但即便如此，我认为这些数据也只是表象，不是终极原因。若追问一下，为何地方政府征地不给农民足额补偿？数据显然不能给出答案。而我的看法，问题的根子是在"征地"这种制度安排上。所谓征地，说白了，就是政府凭借"权力"便宜地从农民手里拿地。既然是"征"（不是"买"），当然也就谈不上足额补偿了。你想呀，若肯足额补偿，政府直接向农民买地好了，又何必大动干戈去"征地"呢？

是的，至少在理论上，"征地"是不可能给足额补偿的。足额补偿是土地值多少钱就给农民多少钱，那样就是等价交换，是买卖。换言之，要给农民足额补偿，土地就不能由政府单边"征"，而应该让政府去"买"。别误会，不是说土地一概不能征，我的意思是，政府征地必须有严格的限制，按国际惯例，除了公益性用地可以征，其他商业开发，土地一律不能征。否则政府就是与民争利，农民当然有理由要告你。

说起来，政府对征地乐此不疲，其实也是无利不起早。

可以想到的：一是追求 GDP，把耕地转搞工业，GDP 会增长更快，有了 GDP 也就有了政绩；二是地方财政收入。农业税免征之后，农业已不再上贡财政，而搞工业呢，地方不仅有税收而且还有大把的土地收入可以进账。据我所知，目前政府从农民手里征地平均每亩补偿不足 2 万，而一转手卖给开发商，每亩动辄数十万甚至上百万。诱惑如此之大，地方政府怎能无动于衷呢？

看来，要化解当前的征地冲突，改革征地体制势在必行。至于具体怎么改可以多听意见，而我考虑可从两个层面动刀：

第一是政府层面，国家应尽早立法，釜底抽薪，令地方政府从土地转让中彻底退出。明确规定，除了公益性项目，今后商业开发一律不准"征地"，政府只负责做土地规划，谁需要用地就让他去向农民买，政府不再插手。这样让农民自己当家，自主交易，即使吃亏也不会怪政府了。

第二是农民层面。现在有个难题，也是体制上的，就是目前"土地承包制"下农民不具备土地交易的主体资格怎么办？众所周知，土地承包只是给农民经营权而非产权。产权包含着三项权能：使用权、收益权与转让权。而现在农民的承包权，充其量只是使用权与部分收益权，并无转让权。没有转让权，农民怎可以进行土地交易呢？所以要保护农民利益，让农民成为土地交易主体，国家还得在法律上将"转让权"界定给农民。

关于将"转让权"赋予农民，我曾写过多篇文章：而且成都、枣庄也早有试点，两地我皆去过，农民拍手叫好。而我所看重的，是它能有效地推动土地集中。不是说土地承包就不能集中，承包地也可集中，但那是土地"转包"，由于"转包"有年限限制，转包期内经营主不会去改良土壤，更不会投资水利设施。无恒产者无恒心。这几年我在农村调研时经常听农民抱怨水利设施差。为什么差？说到底就是与承包制有关。

再有一点就是"耕地红线"。高层领导说要寸土不让，我衷心拥护。中国乃人口大国，18亿亩耕地必须守住。可现在的问题是，究竟让谁去守合适？国务院是希望地方政府帮助守，说实话，我觉得那样有点"玄"，未必靠得住。当下耕地强征事件时有发生，民怨沸腾，请问哪一件地方政府脱得了干系？所以让地方政府守耕地，就好比是让老鼠去守油瓶。有自身利益在，谁能保证不会出现监守自盗？

其实，世上守护最有效的财产是私产。只要把耕地产权交给农民，农民一定会守得住。道理简单，一旦农民有了耕地产权，地方政府就不能再强征，否则不仅农民不答应，法律也不会答应。现行政策虽允许耕地占补平衡，但农民的耕地不让征，地方政府拿不到低价土地自然给不了开发商优惠。没有优惠，开发商也就不会像现在这样乱占耕地上项目了。

一招制胜，政府决策层何不早下决心！

股市为何测不准

年轻时炒过股，那时候特别相信股评家，买进卖出一律听股评家指点。当然在股市上赚过钱，也赔过，可算总账却赚少赔多。20 年前读费雪的《利息理论》，醍醐灌顶，突然意识到股评家其实是望天打卦。我想明白了一点，股评家要是真能看准股票涨跌，他们怎会做股评而不自己炒股呢？

明白了这个道理，于是金盆洗手，后来未再涉足股市。曾有朋友问我为何不炒股？我说自己看不准股市。朋友愕然，说你研究经济学怎会看不准股市？我告诉他不仅我看不准，比我大名的经济学家也看不准。这可不是说笑。前面提到的费雪，绝对是研究货币理论的大师，可他在股市却赔得一塌糊涂，以致后半生穷困潦倒，生活还靠人接济。

格林斯潘这个名字大家一定熟悉。此公担任过美联储主席，也是著名金融学家。上世纪 80 年代，他曾与朋友开过一家公司，专为客户提供股市咨询并代理买卖股票，结果呢？照他的建议买股票不是套牢就是割肉。客户见势不妙，一个个落荒而逃。到最后公司连房租都交不上，赔进去几百万美元后，只好关门歇业。

另一个具戏剧性的例子，是康托罗维奇与库普曼斯，两人1975年联手获诺贝尔经济学奖，获奖论文是《资产分配的最优理论》。他们宣称：假若根据他们的理论投资，保准稳赚不赔。有人问：既然你们的理论如此了得，何不用诺奖奖金去验证一下自己的理论？两位经济学家答："当然要验证。"不幸的是，仅几个回合，他们就把奖金赔得精光。

当然在股市赚到钱的经济学家也有，据说英国的凯恩斯就斩获颇丰。凯恩斯究竟靠什么看准股市我不知，但我知道像他那样在股市赚大钱的经济学者并不多。于是这就引出了本文要讨论的话题，股市涨落到底能否被测准？今天国内搞经济预测的学者多如辰星，有人甚至以预测股市为职业，若我说股市测不准，人家肯定会反对。

说自己的一件往事。当年炒股时与朋友买"深天地"，15元买进，不到一月涨至30元。有天晚上接到朋友电话，问我是否可将"深天地"卖掉。我说股评家预测涨到50元，为何要卖？他说眼睛跳，心慌得厉害。我说你心慌去看医生好了，卖股票作甚？不料第二天果然跌停，我赶紧收听股评，股评家说是合理调整，过后还会涨。可第三天又跌停，股评家还说是调整，最后跌到 14 元，我赔钱沽出。

我不认为是股评家骗人，他们恐怕真的是那样看。事实上，股评家说得明白，他们给你的建议仅供参考。潜台词是，照他们的建议炒股，赚钱赔钱他们概不负责。股评家为何不敢负责？因为他们很清楚自己其实看不准股市。也许读者会说，股评家看不准股市并不等于股市测不准，如果他们提前知道政府调控股市的政策信息股市就能被测准。

骤然听似乎有道理，但深想却不对。证监会的官员应该了解政策信息吧？可他们也同样测不准股市。中央人民广播电台曾有报道，2015 年 6 月 12 日证监会前主席肖钢到中央党校作报告，他强调了三个观点："改革牛理论成立"、"市场不差钱"、"股市与经济背离的观点不能成立"。可第二天股市就大跌，短短 20 天沪指下挫了 1000 点。由此见，证监会主席也测不准股市。

股市为何测不准？让我们回到理论层面作分析。费雪在《利息理论》中指出，资产价格等于该资产预期收入的折现之和。显然，投资股票是买上市企业资产，则股票市价也应等于该股票预期收益的折现。这是说，人们用一笔资金买股票，其收益要与用此资金存入银行的利息相等。用公式表示：资产价格 ＝ 资产预期收入 / 银行利率。

上面的公式中，由于利率相对稳定，股票价格实际就决定于该股票的预期收入。可是预期收入是未来收入而不是现实收入，看不见摸不着，人们的判断往往会不同。对同一只股票，预期收入可能有人看涨，也可能有人看跌，正因为人们的判断不同，所以才有了股票的买卖。问题就在这里，由于预期收入具有不确定性，对股票涨跌你只能预测（猜测），但却不能准确地测定。

请读者再想，股市假若真的能被测准，你认为还会有股票交易么？我认为不会有。若股票测准上涨，人们就会买入，不会有人卖出；若股票测准下跌，大家就会卖出，不会有人买入。倘如此何来股票交易呢？是的，股票市场不同于商品市场。商品市场交换的是不同商品，而股票市场交易的是同质资产。同质资产之所以有交易，原因是人们对未来收益有不同的预期。

我曾在本专栏介绍过奈特的《风险、不确定性与利润》，奈特说利润是"不确定性"的报酬，这一点在股市可以看得更清楚。的确，股民炒股或赚或赔，皆是"不确定性"使然。由于"不确定性"事先无法准确测定（量度），所以我们看到股市上既有人暴富，也有人倾家荡产。

这里还有个现象要解释。所谓股市测不准，并不是说现实中没有股评家测准某只股票涨跌的案例，这样的案例肯定有，要不然股评这个行业早就不复存在了。而对此我的看法是，不是股评家能测准股市，而是他们事先掌握了内部消息，或是他名气大，足可引导股民的预期。他说涨，众人一起追涨股票就真的会涨。

本文最后的结论是：投资购买股票是购买未来，由于未来具有不确定性，而不确定性又不可量度，所以股市也无法测准。请读者小心，今后若有人说他可测准股市、能包赚不赔，那么你不妨先让他签字画押，不然千万别信他。

经济周期说存疑

最近学界有人预言：中国经济已进入"新周期"。于是经济周期问题再度引起人们热议。实不相瞒，多年来我对经济周期说一直心存疑惑。不是说经济不会扩张或收缩，经济增长不可能走直线，有波动很正常，但我认为这种波动并无固定周期。为何这么说？我这篇文章要对此问题作分析。

所谓周期者，循环变化之固定时长也。照此定义，自然界的变化无疑是有周期的。春夏秋冬四季更替，365 天为一周期；白天与黑夜变化，24 小时为一周期。可经济增长是否也存在这种周期呢？有经济学家说不存在，而多数经济学家却说存在。在"存在"论者中，对经济周期到底多长又众说纷纭。有人说是 5 年，有人说是 10 年，有人说是 20 年，也有人说是 50—60 年。

最早研究经济周期的学者，是英国经济学家杰文斯（W.S. Jevons），在 1875 年出版的《货币与交换机制》一书中，他将经济的周期性波动归因于太阳黑子的周期性变化。他解释说，太阳黑子周期性变化会影响气候周期变化，气候周期变化会影响农业收成，而农业收成会影响整个经济。于是他推断，太阳黑子每 10 年出现一次，经济增长也大约 10 年为一个周期。

杰文斯的分析不能说毫无道理。然而时代变了，今天工商业产值比 140 年前不知增加了多少倍，农业在整个经济中的占比已大幅下降；而且相对 140 年前农田水利设施与农业科技也是今非昔比。气候变化对农业虽有影响，但影响已微不足道。远的不说，中国近 40 年农业连年丰产，经济持续快速增长，足以证明杰文斯的"10 年周期"不成立。

杰文斯之后，经济学家又从不同的角度解释经济周期。比如熊彼特就用"创新"解释。他说，创新是一种新的生产要素组合，这种新组合会刺激经济增长。当新组合出现时，老的要素组合仍然存在，于是就给创新者提供获利条件。而一旦用新组合的技术扩散而被多数企业获得，最后的阶段——经济停滞也就临近了，要等到下一次新的创新出现，经济才会出现新的繁荣。

霍特里则用"纯货币理论"解释。他指出，名义国民收入决定于货币量和货币流通度，故一国的国民收入增长波动，实际是由银行信用交替扩张和紧缩信用导致的结果。另外，还有学者用"固定资产更新周期"、"产品生命周期"等理论解释。然而综其大观，这些理论只是解释了经济何以产生波动，并未证明经济波动为何有周期。

先看熊彼特。熊彼特将前后两次"创新"确定为一个周期，约 50—60 年。并举证说：第一个周期从 18 世纪 80 年代到 1842 年，为工业革命时期；第二个周期从 1842 年到 1897 年，为"蒸汽和钢铁时期"；第三个周期自 1897 年以后，为电气、化学和汽车时期。显然，他作此判断是依据历史事实，而对每次创新为何间隔 50—60 年却未予论证。从证伪的角度，一个理论若有一个反例就被推翻。而我想到的是，第三次科技革命肇始于 20 世纪 40 年代，距今已近 80 年。可第四次技术革命何时到来尚未可知，可见熊彼特的"50—60 年周期"值得怀疑。

再看霍特里。霍特里的解释我认为也不可信。事实上，货币政策与经济波动互为因果。货币政策调整可能引起经济波动，而经济波动也可能促使货币政策调整，不能绝对地说是货币政策引起经济波动。特别是 20 世纪 70 年代后，西方不少国家采用弗里德曼的"简单规则"货币政策，货币政策扩张与紧缩并无明显周期，而且中国近十年也如是。不然请问读者，你认为中国的货币政策具体多久会扩张一次？我赌你说不出。

在我看来，用"固定资产更新"解释经济周期更是错得浅。对某个具体企业来说，固定资产更新当然有周期，但一个企业固定资产的更新周期却不可能引发整体经济波动。要知道，固定资产更新引发整体经济波动得有前提，那就是所有企业要在同一时间更新，可现实情况并非如此。同样道理，企业的"产品生命周期"也各不相同，因此用产品生命周期解释经济周期也是错的。

我质疑"经济周期说",其实是想推出下面三点结论。

结论一:中国经济进入新常态并非进入"新周期"。流行理论说:经济周期含"繁荣、衰退、萧条、复苏"四个阶段。于是有人认为近年来中国经济下行表明已从繁荣走向衰退,还会继续走向萧条然后再复苏。我不同意这看法。习近平总书记多次讲,中国经济从高速转向中高速,是政府"稳增长"的结果。2015 年 GDP 增长 6.9%;去年增长 6.7%;上半年增长 6.9%,今后一个时期还会保持在7%左右增长。若不信,读者可拭目以待。

结论二:学界提出的所谓"经济周期"只是根据历史经验的归纳,历史未必代表未来,经验也未必就是规律。前面分析过,经济增长难免有波动,但经济波动并不存在周期。面对经济下行,我们应保持定力,不要见风是雨,自乱阵脚。曾记否? 10 年前国际上就有人危言耸听,说中国经济将硬着陆。可放眼看世界,风景还是中国独好。

结论三:今天学界大行其道的经济预测,依据是经济周期。我要指出的是,经济活动的主体是人,人的行为不可能简单重复。这是说,对人的行为选择要根据学理逻辑作推测,而不应迷信用历史数据作预测。世易时移,人的行为会因时而变,比如人类对生态环境的重视程度,工业化前后就大不一样。再说,未来具有太多的不确定性,哪怕用大样本数据作回归分析,结论的可靠性我认为也不大。

搭便车是个假问题

"搭便车理论"据说最早由美国经济学家奥尔森在《集体行动的逻辑》中提出，但也有学者认为首提者不是奥尔森。其实此理论由谁最早提出并不重要，重要的是"搭便车理论"到底是不是科学的理论。上周我在本专栏写了《用事实验证理论》，这里就用事实对"搭便车理论"作验证吧。

这几天我查阅文献，发现不同学者对"搭便车"概念有不同的解释，但各种解释的含义却也大同小异。大致是说：有人未支付成本却获得了由他人支付成本所带来的收益，或者支付较少成本，获得了与自己支付成本不对称的更多收益，而由于这种"搭便车"现象的存在，往往导致市场失灵。读者也可将"搭便车"理解为"坐享其成"，当然不完全准确，而意思差不多。

经济生活中真有"搭便车"这回事么？从研究经济规律的

角度看，我认为不可能存在；可不少经济学家却认为存在。下面是学界为证明存在"搭便车"常举的例子，让我择要列举：

案例一：某交通路口由于没有红绿灯，交通十分拥堵。现在已知安装红绿灯的成本为 5 万元，一年有 1 万辆车通过。这样，假设车主每人肯出 5 元钱，便可安上红绿灯，而安上红绿灯后每个车主皆可节省 10 元堵车成本。显然，安装红绿灯是有效率的选择。可是有的车主却不肯出钱，而等别人出钱安装红绿灯后他也跟着受益，于是出现了"搭便车"行为。

案例二：某公司员工希望加工资，雇主置若罔闻、迟迟不予理睬。无奈之下，工会决定组织罢工逼雇主就范。工会发出动议后，多数员工参加了罢工，而有个别员工未参与罢工。后来举行了罢工，雇主答应了员工加工资的要求。结果不仅参加罢工的员工加了工资，那些未参与罢工的员工也加了工资。有学者说，后者搭了前者的便车。

案例三：某寺庙起初只有一个和尚，那个和尚每天自己挑水吃；后来又来了一个和尚，于是两个和尚一起抬水吃；过了不久第三个和尚来了，结果三个和尚却反而没水吃了。想来有趣，这本来是中国民间的一句俗语，不知经济学者为何会将此作为"搭便车"的证据。而且解释说，由于每个和尚都指望别人挑水而自己不劳而获，人人都想"搭便车"，所以才导致三人都没水吃。

案例四：甲乙两人相邻而居，甲从保险公司购买了房产保险，乙未购买保险；某一天乙的房子发生了火灾，请问保险公司要不要救火？若不救，火势蔓延会烧到甲的房子；要是救，那么甲会想，既然不买保险，保险公司也救，何不让别人买保险而自己搭便车？如此一来，救火反而会令保险公司少买保险。

读者是否觉得以上案例能证明"搭便车理论"成立？我可不这样看。若用事实作验证，它们皆似是而非。如案例一的红绿灯，这例子无非想证明公共品的存在会导致"搭便车"。要知道，红绿灯的例子是由穆勒1848年提出的"灯塔"演化而来，穆勒当年举灯塔的例子，是证明公共品消费不排他，既无法收费，也无法定价，所以灯塔需政府提供。这是说，政府提供灯塔并不是为了避免有人"搭便车"，而是私人不投资公共品。

从验证的角度看，我认为案例一不成立是因为让车主出钱安装红绿灯的"假设"不真实。我说过，验证理论首先要看"假设"是否是事实，若"假设"不是事实，推断则无法验证。请问读者，不论中国外国，你们有谁见过红绿灯是由车主出钱安装的呢？如果谁都没见过，那么案例一的"假设"就是学者虚构出来的。"假设"不真实，推断当然不足为信。

再看案例二。罢工的例子是要证明集体行动会导致"搭便车"。此例子的假设是：有人参加罢工而有人不参加罢工；而推论是罢工后雇主给员工都加了工资。在我看来，案例二的"假设"是事实，但推论却不是事实。事实是，雇主是否加工资取决于企业对员工的需求，而不是看员工是否参加了罢工。

我所知道的，中关村就曾有公司员工集体罢工要求雇主加薪，并表示不加薪就辞工走人。可雇主只同意给部分员工加薪而不同意给所有人加薪。你道为什么？因为有些员工市场供给充足，可随时找到替代。相反，有的员工虽未参加罢工雇主却给加了工资，读者不要以为这些员工是搭了罢工者的便车。雇主不蠢，真正的原因是这类员工供给稀缺，雇主不希望他们辞工。

案例三是说私人品也会出现搭便车。我认为这完全是个虚构的例子，假设和推论皆非事实。一个和尚自己挑水吃，但两个和尚未必一定抬水吃。当年在中国人民大学念书时两人合住一屋，可同学们打开水要么各自打，要么轮流打，不会一瓶开水两人一起打。再有，"三个和尚没水吃"的推论也不是事实，我曾到过一些规模较大的寺庙，里面和尚肯定不止三个，可从未听说有哪家寺庙和尚没水吃，说明寺庙中并不存在"搭便车"的事。

案例四也是讲私人品，不过错得更离谱。甲购买保险而乙未买保险，乙发生火灾会危及甲的房产安全，保险公司当然要救。可若说保险公司给乙救火会导致甲想"搭便车"而不再买保险，这推论绝对是错的。买保险与不买保险的区别在于：

前者发生损失保险公司赔偿，后者发生损失保险公司不赔偿。甲要是需要保险公司赔偿怎会不买保险呢？

分析至此我的结论是，"搭便车"是个假问题。虽然人们会有"搭便车"的想法，但想法归想法，真实世界不可能容许这现象存在。天下没有免费午餐，只要不限制竞争，没有人可以长期"搭便车"。也正因如此，我认为经济学者不应在这话题上白费工夫。

供求原理示例

金融其实很简单

中央党校培训部上周举办读书讲座，分别由中青一班两位学员主讲，一位是中国工商银行江苏分行行长刘金，他讲《中国是部金融史》；另一位是中信出版集团董事长王斌，讲的是《千年金融史》。我写这篇文章不是要评论他们谁讲得更精彩，而是想就他俩一个有分歧的观点谈自己的看法。

那天刘金行长开讲就说，"金融其实很简单"。他从中国的货币起源、历史变迁，讲到货币对中国社会经济政治的影响。线索清晰，娓娓道来，听来让人感觉金融确实不复杂。而王斌却明确表示不赞成刘金，他从全球视角就金融如何创造文明，从5000年前讲到21世纪，最后得出结论说，金融是一门非常复杂的技术，并不简单。

王斌话音一落，台下顿时哗然。跟着是交流互动环节，听众纷纷提问，两位主讲人彬彬有礼，答得明确，也答得幽默，可两人的观点仍针尖对麦芒。那天我应邀去作点评，主持人让我做最后评论。我历来不会和稀泥，不过我认为两位主讲人的观点都没错。当时我讲了三句话：金融不神秘；金融很神奇；金融是个好孩子，也是个坏孩子。

为何说金融不神秘？刘金在分析货币起源时讲得清楚，是因为交换商品需要"一般等价物"，所以才出现了货币。举个例子，比如我生产粮食需要换布匹，你需要粮食却生产的是家具。在物物交换时代，我和你就无法交易。但要是有了货币作"一般等价物"，你先将家具卖出换得货币，然后用货币购买我的粮食，而我换得货币后再去购买布匹，这样各得其所，交易就完成了。

货币是"一般等价物"，那么银行是怎么回事？说起来，银行最早起源于板凳。15世纪初，在地中海港口威利斯就有一些坐长板凳的人，专为各国商人带来的金属货币进行估值或代为保管，由于替人保管货币有一定期限，他们就将货币借出去赚取利息。英文里的"bank"，原意是指存钱的箱子，1694年英格兰银行成立后，那些存钱箱子就变成了今天经营货币的企业。

与此同时，17世纪后工商业迅速发展，工商业扩张需要大量资本，若仅靠借贷显然已满足不了需求。最主要的一点，是借贷需要还本付息，而有些大的工商项目，若没有投资者共同投资、共担风险难以成事，于是在1602年，第一家股份制企业——荷兰东印度公司应运而生。有了股份制企业，就得为资本进退提供通道，到 1773 年伦敦证交所挂牌，标志着资本市场正式开放。

由此见，从货币的出现到银行的出现，再到资本市场的开放，这一切都不神秘。正是在这个意义上，我同意刘金的观点"金融其实很简单"。可为何我说金融很神奇呢？用《千年金融史》作者威廉·戈兹曼的话说，"金融改变了一切"。戈兹曼讲得对，对此我可作三个方面的举证。

第一个举证：银行信贷催生了企业家。在银行出现前，有手工业主，但没有企业家。企业家是怎样出现的？经济学家奈特曾将人分为风险偏好型、风险中型、风险规避型三类，并且分析说：想规避风险的人将钱存入银行，偏好风险的人则从银行把钱借出来投资，如此一来，后者就成了企业家（雇主），而前者则成了雇工。简言之，有人成为企业家是因为他们偏好风险，但前提是有银行借贷。

第二个举证：金融市场推动了 18 世纪中期的工业革命。人们通常以为英国成为工业革命的故乡，是因为 1769 年瓦特发明了蒸汽机。这样说当然不错，但读者不要忘了，那时英国不仅已经有了银行；而且在瓦特发明蒸汽机后的第四年，英国已经开放了资本市场。大家想想，蒸汽机作为一项技术发明，要是没有金融市场它能广泛应用于工业么？马克思曾说，如果等单个资本积累修建铁路，世界上至今不会有铁路，但集中通过股份公司，转瞬间就把这件事完成了。你说金融神奇不神奇？

第三个举证：创新板市场推动了企业制度革命。微软、英特尔、苹果等高新技术企业取得成功，应该说资本市场居功至伟。1968年，美国设立了"纳斯达克"市场，专为技术创新提供融资平台，有了这个平台，近50年许多新技术才得以产业化。早在20世纪初经济学家凡勃伦就曾经预言，随着"技术要素"越来越重要，企业制度将发生革命，传统企业是"资本雇佣劳动"，未来企业将是"技术雇佣资本"。

以上举证，足以说明金融是个好孩子，可我为何又说金融也是坏孩子呢？理由有两点：一是纸币代替金属货币进入流通后容易引发通胀。金属货币的币值相对稳定，而纸币不同，它只是金属货币的副本，据说一张1000美元的纸币，铸币成本仅5美分，这样政府为了取得铸币收入，或者为了稀释债务，往往会超发货币，结果导致货币贬值，物价普涨。

再一个理由，是容易引发经济危机。1998年亚洲发生金融危机，2008年美国发生次贷危机，说到底都是金融惹的祸。时下金融衍生品层出不穷，财务杠杆率不断被推高，所以前不久中央强调要防控金融风险。要知道，金融是把双刃剑，若不严加看管，金融就可能变成坏孩子。

最后评论王斌的观点。王斌说，"金融其实不简单"。不错，当人们要以钱赚钱时，金融在技术层面的确会变得很复杂。为规避风险，今天"概率论"、"博弈论"等高深数学皆已引入金融教材。不过我要指出的是，风险通过计算可以规避，但"不确定性"却无法计算，更无法规避。何以如此我这里不解释，推荐一本书，大家去读奈特的《风险、不确定性与利润》吧。

金融何以脱实向虚

学界近来对银行多有批评，认为银行对实体经济支持不力。此批评一针见血，我也有同感。不过冷静地想，这种"脱实向虚"现象并非国内银行独有，西方国家早就出现了。上世纪 90 年代日本的房地产泡沫；2008 年美国发生次贷危机，说到底都是金融"脱实向虚"惹的祸。

我作此文重点不是分析金融"脱实向虚"有何后果，后果读者可想而知。本文要讨论的，是目前国内银行为何不支持实体经济？或者说约束银行作此选择的条件为何？经验说，普遍出现的问题要从规律上找原因。既然金融"脱实向虚"已是工业化国家的普遍难题，那么可以肯定，背后就一定有规律性的原因。

这规律性原因是什么呢？让我先从资本的本质说起。何谓资本？马克思在《资本论》中曾将资本划分为"产业资本、商业资本、货币资本"等三种形态。马克思说，资本虽有不同形态，但它们的本质却相同，都是不断增值的价值。换个通俗的说法，马克思认为追求利润是所有资本的天性。金融资本是资本，这一点当然也不例外。

是的，金融资本也是资本，是资本就要追求利润。从这个角度看，我们就不难理解金融为何"脱实向虚"了。比如我们将国民经济分为实体经济与虚拟经济两部门，若信贷资金源源不断投向虚拟经济而不投向实体经济，合理的推断是：投向虚拟经济部门的收益必高于投向实体经济。读者想想，若非如此银行怎会厚此薄彼呢？

用不着复杂的论证。作换位思考，假若你是银行行长，可以决定信贷资金的投向。现在有甲、乙两家企业需从银行贷款：甲企业财源滚滚、投资收益高；乙企业惨淡经营、投资收益低。而且相对而言，乙企业比甲企业更希望得到贷款，那么请问你怎么做？不用回答。从信贷资金安全与银行自身收益考虑，你也会优先贷款给甲企业。

有数据说，目前国内实体经济平均利润率在6%左右；而虚拟经济的利润率则至少在20%以上，有的企业甚至更高。关键就在这里，投资利润率如此悬殊，而资本要追求利润，于是金融自然会"脱实向虚"。不过往深处想仍有个问题。经济学说过：在竞争约束下，不同部门的利润率会趋向平均化。可为何虚拟经济的利润会长期高于实体经济？

这正是我要解释的第二个问题。学经济的读者知道，马克思当年在分析利润平均化时指出有两个前提：一是竞争，即部门内竞争引起部门间的竞争；二是资本在部门间自由流动。这是说，只要允许竞争与资本自由流动，利润必出现平均化，最终会让等量资本得到等量利润。反过来推：若利润不能平均化，则必是竞争不充分或者资本不能自由流动。

马克思的分析是对的。以金融部门为例，国内对银行与非银行金融机构的设立，政府一直实行牌照管制。对牌照管制是否合理我不评论，但毋庸讳言，此举限制了资本向金融部门流动是事实。时下金融部门的利润率高于产业部门利润率，无疑与这种准入限制有关；今天社会资本要千方百计涉足金融，原因也在于此。

读者也许会问：虚拟经济并非所有行业都限制准入，为何那些没有限制行业的利润率也高过实体经济呢？我的观点，是金融杠杆推动的结果。比如房地产。习近平总书记多次讲：房子是用来住的，不是用来炒的。可这些年人们却对炒房乐此不疲，何故？说来其实简单，因为投资炒房的收益高于投资实体产业的收益。20 年前，北京房价每平米不过 5000 元，而现在每平米却涨至 10 万元。

国内房价到底发生了什么事？房产既是消费品，同时也是投资品。房产作为投资品的价格怎么定？理论上，马克思为我们提供过方法。在分析土地价格时，马克思指出：土地价格

=土地年租金/银行年利率。比如某一块土地，年租金 10 万元，而同期银行利率为 5%，则该土地的价格就是 200 万元。这是说，你有 200 万元，存入银行可得 10 万元利息；而购入土地也可得到 10 万元的租金。

用房产替换土地，道理也一样。即房产价格等于年租金除以银行利率。可我们观察到的事实是，人们用 200 万元投资炒房，收益却往往比银行存款利息高得多。何以如此？前面我说是由金融杠杆推动。这里还是举例解释：假若存在信贷杠杆，你购房只需首付 20% 房款，余下 80% 可从银行借，这样你用 200 万元便能购买 1000 万元的房产，杠杆率为五倍。假定该房产一年升值到 1100 万元，按利率 5% 支付银行利息 40 万元后，你可净赚 60 万元。

看明白了么？借助于信贷杠杆，房产升值 10%，你用 200 万元便可赚 60 万元，投资利润率为 30%。如此大的诱惑，别的投资者怎会无动于衷？更为麻烦的是，炒房有"羊群效应"，只要有人追涨，大家就会一起追涨，这样势必会推高人们对未来房价的预期，而房价预期上涨，现在的房价就真的会涨。

当然，信贷杠杆只是资产炒作的必要条件。在经济学看来，一项资产能否被炒作还另有两个条件：一是相对稀缺；二是资产证券化。供应充足的资产炒不起来，而资产未证券化也无法炒。不是吗？前些年投资者之所以炒"纸黄金"，一方面是黄金相对稀缺；另一方面是"纸黄金"已将黄金证券化。再有，城里的房产有人炒，可农民的房产为何没人炒？答案是农民的房产至今未证券化。

最后让我归纳本文要点。总的结论是：金融"脱实向虚"，是投资虚拟经济的收益高于投资实体经济的收益所致。而虚拟经济收益高于实体经济，原因有三：一是资本不能自由流动；二是金融杠杆推波助澜；三是资产证券化。理解了这三点，怎样治理"脱实向虚"就不言自明了吧！

稳定房价只需一招

　　据说为规避房产限购，上海近来到民政部门登记离婚的人络绎不绝，高峰期队伍要排到街上去。这事听来有些夸张，可前几天又有朋友说北京现在也是暗流涌动，不少人正准备为买房去离婚。国内房产市场到底怎么了？近乎天价人们还趋之若鹜，难道房价真的会这样一直涨、涨、涨？

　　十年前我曾撰文《房产升值不是铁律》，2011 年我又写了《稳定房价方为上策》，现在回头看，这十年房价虽有涨落，但势头仍在涨，而且今天房价已大大超出上次金融危机前（2007年）的高点。更让人不解的是，政府这几年一直在稳房价，先后出台了"房产限购""提高首付"等措施，有些城市还在进行房产税试点，可至今房价还是高居不下。

　　是奇怪的现象。之所以如此，有人说是因为国家垄断土地供应，令房产供不应求所致；有人说是地方政府过于依赖土地财政推高了地价，而高地价又推高了房价；也有人说是房产税目前只是试点，大多购房者认为房产税不会很快推开，心存侥幸。骤然听，以上说法似乎都有理，但往深处想，这些其实并不是推高房价的原因。

我不否认国家垄断土地供应的事实。13亿多人口的大国，18亿亩耕地红线当然要守，无可厚非。问题是土地供应垄断是否真的造成了房产供不应求？据我所知，现在的购房者多数并不是自己有刚需，而是炒房盈利。事实上，时下一、二线城市已有不少房屋空置。一方面，有刚需的人买不起房；另一方面，有钱人买了房又不住。高房价与高空置并存，你能说房产供应短缺么？

以往地方政府过于依赖土地财政也是事实。我曾说过，有三个利益相关者希望房价上涨：一是房地产开发商；二是开发商的贷款银行；三是地方政府。比如地方政府，只要房价涨地价会跟着涨，地价涨财政可多进账。不过即便如此，也不能将高房价归罪于土地财政。经济学说，地价与房价之间是房价带动地价而非地价推高房价。君不见2007年前房价一路上涨，地价也一路涨；而2008年发生金融危机，当年房价大跌地价也大跌。是的，开发商不蠢，市场房价不高，他们不可能出高价买地。

房产税推开能否抑制房价？这问题我暂不答，让读者自己先思考。这里先讨论房价究竟由何定，这个问题清楚了，答

案也就有了。一般地讲，房产作为商品，价格当然要由供求
定。但问题是供求双方具体如何出价？对此马克思当年对土地
价格的分析应该对我们有启发。马克思说：土地价格决定于两
个因素：一是土地地租；二是银行利率。两者的比值就是土地
价格。

让我用例子解释吧。假如有甲乙两人，其中甲有块地想
卖，而乙也想买这块地。请问这块地的价格怎么定？假定该地
的租金预期每年1万元，银行利率5%，照马克思的分析，
1万元地租除以5%的利率，价格就是20万元。这是说，乙出
价若少于20万元，甲不会卖地，因为少于20万元甲将来的存
款利息会低于土地租金；但若甲出价高于20万元，乙也不会
买，因为高于20万元的存款利息要比土地租金多，乙将得不
偿失。

由此见，甲是否卖地或乙是否买地，最终要看土地租金
与存款利息是否相等。若租金高于利息，人们乐于买地；若租
金低于利息，人们会选择存款。房价与地价的道理其实一样。
假若房产的预期收益高于存款利息人们会买房；否则就不会买
房。这是说，房价高低也决定于预期收益与利率。所以经济学
家费雪说"资产价格是该资产预期收入的贴现"。

明白了这个道理，我们就不难理解当下人们为何要热衷
购房了。归根到底，是人们对未来房产的收益预期高于存款利
息。想来也是，目前国内商业银行五年期的存款利率仅4.9%，

而仅今年上半年一线城市的房价就涨了近 30%，房价涨幅相当于银行利息的六倍。重利之下，人们怎会无动于衷呢？

很明显，要抑制房价只有两个办法：一是加息；二是改变房产的升值预期。加息可增加购房的机会成本，但可操作的空间不大。目前工商企业平均利润率 6%，利率再高也不能超过 6%，所以可取的一招是改变人们对房产的升值预期。若预期不变，继续追涨，房价真的还会涨。现在的难题，是怎样改变预期？有两点可以肯定：房产限购改变不了预期；提高首付也改变不了预期。

所以作此判断，我的解释是，限购的初衷是压需求，但限购所释放的信号却是房供不足、房价要上涨，这样不仅不能压需求，反而是刺激了需求。今天北京、上海等城市出现离婚潮就是例证。可为何说提高首付也改变不了预期呢？因为只要炒房的收益高于利息，银行不给贷款购房者就会转从民间借。扪心自问，若有人肯付比银行高一倍的利息，你是否愿将存款提出来借给他？

思来想去，我认为改变房产升值预期的关键是征税。开征房产税对人们预期当然会有影响，但也不能作过高估计。早在五年前上海就启动了房产税试点，可今天房价照样涨。为什么？原来，人们买房是为了炒房，击鼓传花，税可通过加价转出去。重症下猛药，关键一招是征遗产税。房最后在谁手里谁缴税，断了后路，对房产的预期必陡然逆转！

资产定价原理的启示

学界流行的资产定价模型，源头可追溯到马克思的土地价格理论。马克思在《资本论》中对土地定价提出过一个公式：土地价格＝土地年租金／银行年利率。1930年，美国经济学家费雪在《利息理论》中论证说：资产价格等于该资产预期收益的贴现。文字表述虽不同，而原理显然来自马克思，费雪不过是将土地定价推广到了资产定价。

经济学反复讲，商品价格由供求决定。读者或许要问：既然价格由供求决定，可经济学家为何要另外再提出资产定价模型呢？难道消费品价格由供求决定而资产价格不由供求决定？我作此文正是要对这个问题作解释。分两点讨论：一是何谓资产以及相对于消费品资产有何特点？其特点与定价有何关系？二是资产价格为何等于未来预期收入贴现？而选择用利率贴现的理由何在？

先说何谓资产。日常生活中有三个概念容易混淆：财富、财产、资产。财富指一切有用的资源，其中包括财产与资产。财产与资产皆为可增值的资源，但两者也有区别：财产不形成收入流；资产形成收入流。比如人们收藏古董字画，希望日后涨价沽出，故古董字画是财产；工厂的机器设备每天创造收入，此类有收入流的资源则为资产。

相对于消费品，资产最显著的特点是所有权与使用权可以分离。换句话说，所有权与使用权不能分离的商品不是资产。比如面包，面包的使用权一旦转让，所有权也就一并转让了，所以面包是消费品不是资产。经济学说"土地、厂房、机器"等是资产，因为此类商品的所有权可以归某人，而使用权却可转让给其他人。想想土地所有者与佃农的关系，我们就不难理解资产的这一特性。

我说资产可形成收入流，其实还有一个原因，即资产的使用权可持续转让。这一点显然也与消费品不同，消费品转让使用权不仅需同时转让所有权，而且消费品只能一次转让、不能持续转让。由此决定，消费品转让虽有收入，但却不能形成收入流。也许有人会说：住房是消费品，住房出租不也有收入流么？不错，住房是消费品，但要知道，住房一旦用于出租却是资产。

由于资产所有权与使用权可以分离，对使用权和所有权的定价就需分开处理。事实上，前者是指资产的租赁价格（租金）；后者是指资产整体（所有权与使用权）转让的价格。问题是使用权价格怎么定而所有权价格怎么定呢？使用权价格当然要由供求定。以房产出租为例，由于房主间存在竞争；租客间也存在竞争，租客一定会与房主讨价还价，最终形成市场价格。

资产的所有权价格怎么定？所有权价格与使用权价格有关，但不是一回事。前面说了，资产可取得持续的收入流。转让资产所有权，其实就是让渡资产的收入流。从选择角度看，资产收入流是转让资产的机会成本，若货币利息低于机会成本，资产持有者不会卖资产；同理，货币存入银行也有利息，利息流便是购买资产的机会成本，若资产收益低于利息，货币持有者也不会买资产对不对？

具体用土地价格作分析吧。假如你有一块地，每年租金收入是 10 万元，再假定银行存款年利率为 10%，这块地别人出价多少你愿意卖？按照马克思的土地定价公式，土地价格等于年租金 10 万元除以年利率 10%，即为 100 万元。这是说，若有人出价 100 万元，你会考虑卖地，因为 100 万元存入银行的年利息也是 10 万元。反过来，若土地定价 100 万元，也有人会考虑买地，因为土地的年租金与 100 万元存入银行的年利息相等。

将土地推广到一般资产，定价原理一样。正因如此，所以我说资产定价模型的发明人不是费雪而是马克思。不过这里有个问题要解释，即资产定价为何要选择用银行利率贴现？思来想去，大概有两方面原因：一是货币作为固定充当一般等价物的商品，可与所有的资产交换，而且流动性强；二是银行利率由社会普遍不耐程度决定，若无全域性的天灾人祸，社会不耐稳定，利率也相对稳定。

需要特别提点的是，资产定价方法，看上去与消费品定价有所不同，然而透过现象看本质，两者殊途同归，最终皆由供求双方决定。何以见得？费雪说，资产价格是资产未来预期收入的贴现。资产预期收入即为"资产使用权价格"，上文分析过，资产使用权价格是由供求双方决定，而贴现率（利率）相对稳定，想深一层，资产价格其实也是由供求决定。

写到这里，最后说说资产定价原理的启示。最近赴南方作乡村调查，关于农民土地流转我想到了两点：一是土地使用权如何定价。时下通行的做法，龙头公司租用农民土地，每亩约按500斤稻谷市价（600元）付费，而龙头公司用农民土地种植果品蔬菜，每亩年收入却近万元。我敢断定此做法难以持久，日后农民必要求重新定价，不然农民就会收回土地你信不信？

由此我想到了第二点，龙头公司租用农民土地，不如让农民直接用土地入股。当下的困难，是农民只有土地经营权而无所有权。这次调研中发现，有的乡村采取"农民＋合作社＋龙头公司"模式，农民先将土地流转到村集体合作社，合作社将土地整体入股龙头公司。龙头公司与合作社按股分红，合作社再给农民分红。我看好这种模式，不过土地使用权定价仍是关键。若使用权定价偏低，土地价格（入股比例）会偏低，照样也会损伤农民利益。

工资的本质及其推定

　　萨伊著名的"三位一体"公式说：资本创造利润；土地创造地租；劳动创造工资。当年马克思批评过萨伊，指出利润、地租、工资皆为劳动创造；而且工资是劳动力价格而非劳动的价格。读者要知道，将"劳动力"与"劳动"加以区分，是马克思的重大发现。虽仅一字之差，马克思关于劳资关系的分析和萨伊却有天地之别。

　　马克思为何说工资是劳动力价格？要回答此问题，需首先弄清楚"劳动者、劳动力、劳动"三者的区别。顾名思义：所谓劳动者，是指有生命的人；而劳动力则是指劳动者具有的脑力和体力（劳动能力）；劳动力的使用便是劳动。说工资是劳动力价格，从交换角度看，含义是指劳动者卖给企业的是劳动力；企业支付工资所购买的也是劳动力。

　　为何说企业购买的是劳动力而不是劳动者或劳动呢？理

由很简单：首先，劳动者作为交易主体之一，自己不可能卖自己，否则就变成了奴隶；同时劳动力的所有权与使用权可以分离，但由于所有权不能转让，故只能转让使用权。再有，劳动力的使用才是劳动，可企业在签订雇工合同前劳动力并未使用，劳动尚不存在。

读者要是不信，不妨去找几份企业用工合同看看，你会发现一个普遍现象：工程师的工资高于技术员工资；技术员的工资又高于一般员工工资。为何存在此现象？我的解释，是因为在企业主看来工程师的劳动能力要高过技术员，技术员的劳动能力要高过一般员工。读者想想，这现象不正好证明了企业购买的是劳动力而工资是劳动力价格么？

工资的本质是劳动力价格，理论上不应该错。然而往深处想却有个难题：现实中工资有计时工资与计件工资两种，说计时工资是劳动力价格不难理解，可计件工资是按劳动产品数量计酬，怎能说计件工资也是劳动力价格呢？问题就在这里，若计件工资不是劳动力价格，那么从证伪的角度看，"工资是劳动力价格"就被推翻了。

不错，计件工资确实不是劳动力价格。前面说过，劳动力价格是对劳动力使用前的定价。计件工资显然不是事前定价，而是事后对劳动成果的定价。不过即便如此，我认为也否定不了"工资是劳动力价格"。这里的关键，是怎样看待计件工资？我的看法，计件工资虽然也叫工资，但它只是借用了工资的名义，本质上并非工资。

为何说计件工资并非工资？请读者看一个真实的例子。前不久，我在永州考察过一家皮具加工企业，该企业采用的是计件工资，员工都是附近村庄的妇女。老板说，企业从不要求员工按时上下班，甚至员工可以将原材料领回到家里加工。企业只负责制定标准，然后按事先约定的价格收购。后来我找来企业合同，里面果然没有上班时间规定，只有产品加工质量和价格等方面的条款。

从上面的例子可见，在计件工资制下，每一个劳动者其实已变成相对独立的"企业"，准确地说是从事来料加工的"企业"。企业和劳动者之间已不再是雇佣关系，而是生产合作关系。由此决定，计件工资当然也不是真正的工资，而是劳动者（企业）出售加工产品取得的收入。既然计件工资不是真正的工资，所以我说计件工资不能推翻"工资是劳动力价格"。

假若读者同意我的分析，引申到操作层面便有下面三个推定：

推定一：工资水平应由劳动力供求决定。近几年学界围绕法定最低工资标准一直在争论，我的观点，劳动力是一种生产要素，若让市场在资源配置中起决定作用，要素价格就必须放开。切不要以为提高最低工资是保护劳动者，同时也会对劳动者不利。比如某餐厅原本雇三人洗碗，每人每月3000元；但若将最低工资提高到4000元，雇主很可能只雇两人，另一人得失业。

推定二：计时工资要有结构安排。说过了，劳动力价格的通常形式是计时工资，然而计时工资有个缺陷，即很难避免员工出工不出力。企业早期的处理是往车间派监工，可由此带来的监督成本却非常高。为节省监督成本，于是就出现了结构化工资。时至今日，不同企业的工资结构已五花八门、复杂无比，若化繁就简，其实也就是两块：一块基本工资；一块效率工资。前者督促员工出工（不迟到早退）；后者激励员工出力。

推定三：工资激励不如产权激励。此推定是我在湖南永州调研时受到的启发。祁阳县有一家农业科技公司，董事长是回乡农民。据他介绍，公司用农民土地建造蔬菜大棚，然后再将大棚承包给农户，并统一提供种子和技术培训，年底公司向承包户提取固定比例的利润，剩下的归农民。从经济学角度看，此分配方式无疑是产权激励。对公司来讲，可减少工资费用和监督成本；而对农民来说，自己当老板当然更有积极性。

以上三个推定，皆以工资是劳动力价格为前提。若否定了这个前提，推定便不成立。这里我要强调的是，西方经济学往往将"劳动"当成生产要素，这种看法是错的。事实上，劳动力才是生产要素，劳动者转让的是劳动力而不是劳动。最明显的一点，劳动创造的价值要比劳动力价格高，不然企业不可能有利润存在。此乃马克思经济学与西方经济学的重大分别，读者要切记！

共享单车与共享经济

两年前听朋友讲他参与投资共享单车的故事，当时我感觉并不乐观，对共享单车的盈利模式也提出过质疑。不过只是自己的推测，后来未作深想，也没有跟进。最近网上有消息说，北京、上海、厦门等地的废弃单车堆积如山，成都前不久又有百多辆共享单车遭活埋。而且有人断言：共享单车已经走到尽头。

作为共享经济的一种业态，对共享单车下这样的判断恐怕为时过早。时下学界有一种看法，认为共享单车并不是真正意义的共享经济。理由有三：一是共享平台（公司）不是第三方机构，而是单车的直接供给方；二是客户共享的单车并非社会闲散的资源存量，而是共享平台（公司）新提供的单车增量；三是有的平台公司要求消费者预付押金，共享单车事实上已变成"融资品"。

照马科斯·费尔逊当初提出"共享经济"的定义，学界有这种看法可以理解。费尔逊说得清楚，共享经济要由共享平台、商品供给方、商品需求方等三个主体构成。其中共享平台作为第三方机构，职能是整合社会闲散资源，供给方与需求方则借助共享平台对闲散资源的使用权进行交易。由此衡量，共享单车确实不是标准的共享经济。

对费尔逊的定义不知读者怎看，而我不完全认同。在我看来，共享经济的特点有三：一是参与各方要以营利为目的；二是要存在资源使用权闲置；三是使用权共享要通过共享平台进行交易。这是说，参与者若无营利动机或社会上不存在闲置资源，或者使用权共享不是通过共享平台达成，皆不是共享经济。至于共享平台由谁创建不重要，既可由第三方创建，也可由供给方或需求方创建。

以公共品为例。众所周知，公共品的特点是使用不排他，此类物品使用权无疑是共享的。可是公共品的提供者（政府）不是营利机构，而且供求双方也不存在交易，故共享公共品不是共享经济。早期共享经济的例子，比较典型的是银行。由于社会上存在闲散资金，同时社会上也有人需要资金，于是银行作为共享平台一手吸存闲散资金，一手又将闲散资金贷放给需求者。如此一来，银行从中赚取利差，而资金使用权得以共享。

说银行融资是共享经济，读者应该不会反对，因为作为共享平台的银行是第三方机构。现在的问题是，共享平台若由供给方创建，共享使用权是否是共享经济？对此目前学界有分歧。要说清楚此问题，我认为关键在平台公司能否从事自营业务。若允许自营，供给方创建共享平台也是共享经济。

读者想想银行吧。对于资金的供给方与需求方来说，银行无疑是第三方机构；但我们不要忘了，银行在办理资金存贷的同时也从事自营业务，比如用自有资金发放贷款或购买债券等。从这个角度看，银行其实也是资金的供给方。银行作为商业机构，在商言商，当然可以用自有资金放贷。可见，共享平台由第三方创建还是由供给方创建并无本质区别，只要使用权共享是通过共享平台达成，就不会改变其共享经济的属性。

人们认为共享单车不是共享经济的第二个理由，是消费者共享的不是社会上闲置的单车，而是平台公司新提供的单车。前面说过，共享经济的特点之一是共享闲置资源的使用权。平台公司新提供的单车是否属闲置资源呢？这就涉及我们对闲置资源怎样认定。通常的解释，闲置资源是指在用户手中利用率不高的资源。这种解释不算错，但我认为过于狭窄，不全面、也不准确。

事实上，闲置资源有两种形态：一是闲置在用户手中的资源。比如有人购买了两套住房，其中一套大部分时间闲置；二是闲置在生产者手中的资源。此类闲置又分产品闲置与设备闲置两种，前者指企业的滞销产品，表现为产品库存；后者指因需求不足而企业开工不足，表现为生产能力闲置。我的观点，出现上面任何一种情况，皆属资源闲置。

若这样理解闲置资源，共享单车所共享的显然是闲置资源。虽然消费者不是共享用户手中的闲置资源，但却共享了生产厂家的闲置资源。不妨设想一下，要是平台公司不从生产厂家采购单车，这些单车是否会变成厂家的产品库存？或许有人说，没有平台公司采购厂家会少生产，可厂家少生产意味着什么？必是产能闲置对不对？

关于平台公司收取押金，我指出三点：第一，由于使用权转让有风险，供给方让需求方预付押金就如同银行让贷款者抵押财产，无可厚非。第二，若平台公司恶意侵占预付押金或携款跑路是违法行为，政府要依法打击。但不能因噎废食，将正常的风险规避行为当作非法融资。第三，共享单车是否收押金与它是否是共享经济无关，不可混为一谈。

回头再说共享单车的前景。目前共享单车遭遇困境，归根到底是盈利模式有缺陷。将共享单车与滴滴打车作对比，两者差别一目了然。滴滴打车也是共享平台，可出租车的所有权是分散的，车主能自己维护财产安全，监管成本相对低；而共享单车却由平台公司提供，监管成本当然会非常高，这也就是经济学所讲的"公地悲剧"。

共享单车能走出困境么？前几天我与那位朋友通电话，他说他所在的公司去年收支已经打平，今年有望盈利。具体怎样盈利是他们的商业秘密，他没细说，我也没问。这里推测一下，共享单车今年若真能盈利，一定是找到了解决"公地悲剧"的办法。年底见分晓，让我们拭目以待吧！

域外观察与思考

经济学要有立场

经济学有立场，这本来是个不成问题的问题，可时下学界流行一种观点说：经济学研究的是经济规律，而规律放之四海而皆准，故经济学不仅不应有国界之分，而且也不应该有立场。另一种更直白的说法是：经济学应该像物理学、化学等自然科学一样，只揭示客观规律，不能加进学者自己的价值判断。

价值判断是人们价值观的表达，说研究自然规律无需有价值判断我同意。比如"水往低处流"是自然规律，我们可根据"水往低处流"的规律建电站造福社会；另一方面，水往低处流也可能冲垮堤垸，给人类造成灾难性后果。是的，水往低处流是一种客观存在，无所谓好与坏，对自然规律科学家当然不必作价值判断。

自然科学如此，可经济学并非如此。要知道，经济学毕竟不是自然科学，自然科学研究的是自然规律，经济学研究的是人类经济活动中的生产关系，研究生产关系怎可能没有立场呢？读者想想，经济学发展数百年为何对"公平"至今未有一致的定义？究其原因，是由于经济学家的立场不同，对"公平"的定义才五花八门。

让我们一起回溯经济学的历史吧。学界公认，经济学的开山之作是威廉·配第 1672 年出版的《政治算术》。算术者，统计计算也。由此看，配第所说的"算术"其实就是经济学，或者说是经济学的代名词。问题是配第为何要在"算术"之前加上"政治"二字呢？我理解，配第无非是想表明他的经济学有立场。正因如此，马克思称配第为"政治经济学之父"。

配第之后的百多年，英国古典政治经济学的发展风生水起，其间产生了两位伟大的经济学家：一位是亚当·斯密；另一位是大卫·李嘉图。亚当·斯密 1776 年出版了《国富论》，李嘉图 1817 年出版了《政治经济学及赋税原理》。读者若是读过这两本书，会不难发现有鲜明的政治立场。他们两位大师皆站在产业资本家的立场抨击地主阶级，为工业革命与自由贸易鸣锣开道。

众所周知，马克思的劳动价值论是来自斯密和李嘉图，可马克思的立场却不同于斯密和李嘉图。马克思的政治经济学站在劳动者大众一边，运用劳动价值论分析剩余价值的来源和劳动者受压迫、受剥削的根源，并揭示了剥夺者必被剥夺的历史规律。列宁曾经说过：只有马克思才阐明了无产阶级在整个资本主义制度中的真正地位。

到 19 世纪下半叶，经济学进入了新古典时代。早期的代表性著作主要有两本：一本是法国学者瓦尔拉斯 1874 年出版的《纯粹政治经济学要义》；一本是英国学者马歇尔 1890 年出版的《经济学原理》。请读者注意：瓦尔拉斯在"政治经济学"前加上"纯粹"，而马歇尔将"政治经济学"的"政治"省去，他们这样做显然是有用意的。是何用意？瓦尔拉斯自己说，目的是要抽象掉立场，建立起"一门如同力学和水力学一样的科学"。

新古典经济学真的没有立场么？非也。无论瓦尔拉斯还是马歇尔，他们的著作都有立场，而且都是要掩盖阶级对立，为资本主义辩护。20 世纪 30 年代经济大危机后，西方经济学走向分化，出现了众多流派。有人问：西方经济学家若代表资本家阶级利益怎会有流派之争？我的回答，流派之争只是主张之争：凯恩斯主张国家干预；货币学派主张经济自由。两派主张不同但立场却相同，皆是为了资本主义长治久安。

另一个现象更具迷惑性，那就是今天西方经济学大量使用数学的现象。给人的感觉，经济学似乎已经变成了数学，可以没有立场。读者若是这样看就大错特错了。我说过，经济分析可以借助数学，但数学不过是工具，经济学家构建数学模型仍然有立场。要记住，若有经济学家说自己的著述没有立场，那是自欺欺人，你可千万别信他。

事实上，经济学家也并非都否认经济学有立场。经济学作为经世致用的学问，通常要采用实证分析与规范分析两种方法。实证分析回答"是什么";规范分析则以一定的价值判断为标准,对经济行为或政策的好坏作评判。立场决定价值观。一个经济学家若没有立场,就等于没有价值标准,没有价值标准何以评判经济行为或政策好坏呢?

写到这里,我想到了中国的政治经济学构建。习近平总书记多次强调发展中国特色社会主义政治经济学。如何构建我们自己的政治经济学?我认为最关键的是中国经济学家要有正确的立场。何谓正确的立场?习近平总书记提出的"以人民为中心"就是我们构建中国版政治经济学应该坚持的立场。这个立场,当然也是马克思主义的立场。

由此再想,习近平总书记提出的新发展理念,其实是对"以人民为中心发展思想"的具体展开。新发展理念是对我国经济发展实践规律的提炼,而且是一个完整的体系:创新发展是动力;协调发展、绿色发展、开放发展是方式;共享发展是目的。从这个角度看,新发展理念可以作为我们构建中国版政治经济学的理论框架。

最后说怎样对待西方经济学。我的观点:构建中国版的政治经济学不必排斥西方经济学。西方经济理论也是人类共同的文明成果,对反映市场运行一般规律的原理,我们可以借鉴;但对西方涉及价值判断的经济理论,就必须对其立场进行甄别,如果不符合人民大众的利益,不管那位经济学家的名头有多大,也不能照搬。

用事实验证理论

为纪念真理标准问题讨论 40 周年，我写过《实践是压倒一切的标准》，这里再换个角度，谈经济学提炼理论和验证理论的方法。存在决定意识，是说科学的理论来自实践，可面对纷繁复杂的经济实践怎样提炼理论？同时，从实践中提炼的经济理论需经过事实检验不被推翻才成立，那么我们又如何用事实验证理论？

严格地讲，上面的问题是哲学（逻辑学）方面的学问。读者或许问：我研究经济学为何要谈哲学？不是我要谈哲学，是经济学研究的基本方法是哲学；而且经济学研究到理论层面，都是在用哲学提炼经济规律。大家知道，《资本论》是一部经济学著作，而马克思用的就是"从具体到抽象、再从抽象到具体"的哲学方法。事实上，古往今来大多杰出的经济学家，同时也是哲学家。

言归正传吧。先说提炼经济理论的方法。何谓经济理论？经济理论是对经济规律的表述，如大家熟知的"需求定律"、"供求原理"等皆为经济理论。我们为何需要经济理论？因为事实不能用事实解释，解释事实（认识实践）需要理论。一旦有了科学的理论，也就掌握了规律，掌握了规律便能指导实践。问题是怎样提炼理论呢？

经济学提炼理论的方法，不外有两种：一种是归纳法；另一种是演绎法。所谓归纳法，是指从经济活动中寻找人类行为共性的方法。共性即规律。举个例子，德国学者恩格尔曾通过观察大量统计数据发现了一个带规律性的事实：收入低的家庭，食品支出在收入中的占比相对高；而收入高的家庭，食品支出的占比却相对低。这个发现后来通过事实验证一直未被推翻，于是定名为"恩格尔定律"。

由此可见，归纳法具有三个特点：第一，归纳的依据必须是可观察的事实，而且观察到的样本（事实）越多，判断被推翻的可能性越小；第二，归纳所得出的判断是对某类事实共性特征的描述，如"高收入决定高消费"、"中等收入陷阱"等，此类判断一般是全称判断；第三，归纳形成的理论是定律（经验性事实）而非定理，如"需求定律"、"恩格尔定律"、"奥肯定律"等。

演绎法不同于归纳法。从推理过程看，演绎法是先提出假设，然后根据假设作推断；从推出的判断看，演绎推出的不是全称判断，而是假言判断或定理（有逻辑前提的判断）。由此决定，演绎推理的重点也不是描述事实，而是解释事实。如前面提到的"恩格尔定律"是描述事实；而科斯定理则是解释事实。科斯定理说："若交易成本为零，产权界定清晰，产权无论界定给谁经济皆能达到高效率。"显然，其中"交易成本为零"与"产权界定清晰"是假设，而"达到高效率"是判断。

想深一层，用演绎推理解释事实，其实就是寻找并指出事实存在的约束条件。黑格尔有句名言："存在即合理"，意思是任何存在都有存在的原因。时下国内房价高企，很多人认为不合理。可按黑格尔的观点，房价高必有房价高的道理。你认为不合理，是因为你不知道高房价存在的约束条件。假若我们不喜欢高房价，应该找到高房价的约束条件并去改变它。若约束条件不改变，高房价就一定存在。

以上说的是提炼理论的方法，下面再说怎样验证理论。由于归纳法不同于演绎法，所以对两种推断作验证也有不同的方法。说过了，归纳法提炼理论的依据是事实，证明某理论成立的方法是举证大量的事实。而验证理论相反，验证理论也用事实，但验证的目的不是证实，而是证伪，证伪无需大量举证事实，只要举出一个反例，理论就被推翻；若举不出反例，理论才算成立。

我曾撰文质疑凯恩斯的《通论》，该书提出过一个理论，即"边际消费倾向递减规律"，说随着人们收入增长，消费也会增长，但消费增长赶不上收入增长，导致消费率不断递减，储蓄率不断上升。在凯恩斯所处的时代，这现象也许是事实，但我们今天所观察到的事实是，美国的居民储蓄率自 20 世纪 70 年代以来却不升反降。仅此一例，足以证明消费倾向递减并非规律，至少不是永恒规律。

验证"演绎推理"要复杂些。演绎推理是假言判断，对假言判断作验证有三个重点：一是看"假设"是否是事实，若不是可观察的事实，其推断将无法验证；二是看推理的结论是否是事实，若结论不是可观察的事实，其推断也无法验证。这样说吧，只要假设与推断有一方不是事实，理论皆不可能被推翻。而不可能用事实证明错的理论，同样也不可能用事实证明对。

若假设是事实，推断的结论也是事实，那么验证理论的第三个重点，是看假设与推断是否存在真实的因果关联。比如你家门前的树长高是事实，你家的孩子长高也是事实，可两者间并无内在的因果关系。胡适先生说"大胆假设，小心求证"。大胆假设是指从具体到抽象的研究，通过分析事实存在的各种原因，从而提出一种理论解释；小心求证，则是从抽象到具体的验证，即反复用事实验证理论是否能被推翻。

最后再多说一句，世上没有绝对的真理，若理论通过事实检验而未被推翻，理论就算暂时成立。但理论不是僵化的教条，实践在发展，理论也要不断接受实践检验，与时俱进。理论之树常青，说的就是这个道理。

中美贸易的走向

　　两个月前访美，当时美国大选正在胶着状态，西方媒体对特朗普与希拉里谁会当总统众说纷纭，多数人说是希拉里，也有不少人说是特朗普。现在大选结果揭晓，特朗普登上了总统宝座。尘埃落定，学界于是又开始关注特朗普时代中美关系的走向。

　　隔行如隔山。我研究的是经济，对中美政治、军事、外交等皆没有发言权，这篇文章要讨论的是中美经济，而且重点只讨论特朗普掌权后中美贸易可能出现的变数。看到网上消息，特朗普入住白宫第一天就放言叫停TPP。海外舆论称此举是特朗普送给中国的一个大礼。是不是大礼不好说，至少现在下定论为时尚早。

　　前些天，乔治城大学德吉奥亚校长一行造访中央党校，双方很自然谈到了中美贸易。美方专家提醒说，中方应关注近期特朗普内阁组建的动向。内阁成员对华贸易的倾向当然重要，但我认为关键还是美国国内各大利益集团间的博弈。美国是个搞投票政治的国家，利益决定投票，不管谁出来主理对华贸易，都不可能无视他们国内利益集团的诉求。

说一件有趣的事。上次访美期间曾与德吉奥亚先生一起早餐，席间他告诉我美国大选可能胜出的是希拉里。德吉奥亚是校长，他的看法无疑有广泛的代表性，值得信。可该校丹尼斯·奎因教授在为我们作题为"国际贸易对美国经济影响"讲座时却很肯定地讲，赢得本次大选的是特朗普，并预测特朗普的得票率将达 51.62%。他借助经济模型作分析，头头是道，似乎也无可置疑。

今天看，还是奎因教授技高一筹，大选结果应验了他的推测。不过尽管他推测的结果对，但我却认为他的推理有疑点。也许读者会问，既然结果对推理怎会错？当然可能错。比如我推测天津会下雨，如果天津真下雨我的结果就算对了。可这结果是怎样推理出来的呢？原来，是北京在下雨，而依据以往经验，北京下雨天津通常也下雨。请问，你觉得我这推理可靠么？

我说奎因教授的推理有疑点，主要是我不同意他对美国经济结构的分析。我曾当面向他提出过质疑，可惜那天到了我们约定访问布鲁金斯学会的时间，未能深入研讨。这里先让我将奎因的观点作扼要介绍，然后再说我对他的质疑。

奎因教授说：根据他对大选投票的观察，美国从中国进口量较大的中西部和东南部地区，选民更容易接受特朗普。他用计量模型算出，与布什当年的支持率相比，一个地区从中国的进口量（2000—2014 年）每提升 1%，特朗普的支持率会增加 2% 以上。他举证说：威斯康星州齐佩瓦族县，从中国进口上升了 2.4%，特朗普的支持率则上升了 8.7%；密歇根州布兰奇县，从中国进口上涨了 3%，而特朗普的支持率则上涨了13.3%。

何以出现此现象？奎因的解释是，特朗普主张贸易保护，而限制进口可增加国内就业。对限制进口为何能增加美国的就业，奎因指出了两点理由：一是近三十年美国经济结构发生变化，制造业日益萎缩，服务业快速发展；二是由于制造业产品可出口（tradable）而服务业产品通常不出口，这样出口少、进口多就挤压了国内企业。若限制进口，在保护国内企业的同时也就增加了就业。

对奎因教授的分析，我有三点质疑：

首先，奎因说美国从中国进口量大的地区，特朗普的支持率也高，统计检验是强相关。我相信他讲的是事实，但这事实却不能证明两者有因果关系。懂数学的读者知道，用任何两个同向变量作回归分析，相关系数都很高，但相关系数高并不代表它们之间就有内在关联。如树长小孩也长，但树长并不是小孩长的原因。

其次，奎因说美国制造业萎缩和服务业比重增加减少了美国的就业，理由是制造业产品可出口而服务产品通常不出口。此理由也似是而非。我的观点，一个产品是否可出口不能孤立地看，要从整个产业链来考量。比如某纺纱厂的纱锭没直接出口而是卖给了国内某纺织厂，若该纺织厂的布匹出口了，纺纱厂的纱锭其实也就出口了。服务业产品也一样。理发师的服务虽不能直接出口，可他为软件工程师理发，如果软件工程师将软件卖到国外，理发师的服务不也出口了么？

再次，奎因认为限制进口可保护美国制造业，增加就业。对此我也不苟同。我坚信亚当·斯密与李嘉图的分工理论不会过时，美国制造业萎缩而服务业增长快，这只能说明美国服务业的投资收益率高于制造业的投资收益率，服务业是美国的优势所在。资本本性是逐利，若服务业收益率更高，就算政府限制进口，美国投资者也未必投资制造业。前几年奥巴马就宣称美国要回归制造业，可制造业至今萎靡不振已足以证明这一点。

事实上，一个国家的经济结构演进有其自身规律，并不能由某个总统所左右。由此看，未来中美贸易走向也不取决于特朗普。即便特朗普限制进口，美国的经济结构也不会逆转。美国处在国际分工的高端，贸易自由对他们有利，何况限制进口会引发贸易战，美国不可能长期限制进口。

重要的是我们怎样应对。特朗普一方面叫停 TPP，同时又宣称中国是"货币操纵国"。以前美国抱怨中国操纵货币，是说人民币未按美国的预期升值。而今天人民币有贬值压力，中国抛外汇资产防止人民币贬值怎也遭到指责？特朗普到底要说什么恐怕连他本人也不清楚。不管他，我们关键是要守住两点：一是守住汇率以减少贸易摩擦；二是扩大出口并积极进口，守住贸易平衡。

特朗普减税的前景

美国国会年前通过了特朗普的减税方案。从今年1月起公司所得税率从35%降至21%，并全面下调个人所得税。消息传开，舆论一片哗然。有评论说，特朗普减税将推动美国经济强劲复苏，同时也可能会引发全球减税大战。为应对美国减税的冲击，国内有学者建议中国政府应未雨绸缪，实施更大力度的减税。

关于减税我曾写过多篇文章，算得上是减税的坚定支持者。事实上，自2009年以来中国政府也一直在推行结构性减税。据官方数据显示，2017年的减税额度已超过7000亿元，降费3000多亿元，共计达1万亿元以上。现在的问题，是美国减税后对中国经济影响到底会有多大？我的看法，影响一定会有，但不会像有的学者说得那样夸张。至少目前尚待观察，当谋定而后动。

　　分析美国减税对中国的影响，首先要对美国减税的前景作科学预判。前景是未来才出现的结果，见仁见智，人们的看法难免不同，这样就要求我们对前景分析要有科学的方法。何谓科学的方法？我曾说过，对未来经济行为的结果，只能用经济学逻辑推测而不能用历史数据预测。逻辑重于数据，历史数据可以用，但只能协助逻辑推理却不能代替逻辑推理。

　　怎样推测美国减税的前景？根据经济学逻辑，我有三个推论：

　　第一个推论：假若美国未来国债和政府支出规模不变，要维持政府支出的现行规模，则未来的应税收入增长必须高于税率的下降幅度。为何作此推论？让我举例解释：假定今年应税收入为 10000 亿元，税率为 30%，则政府税收为 3000 亿元。假定明年税率下降至 20%，政府要保持 3000 亿元税收，应税收入就需增加到 15000 亿元。这是说，税率下调 10 个百分点，应税收入就得增加 50%，否则税收不可能增加。

　　美国减税后税收能增加么？有人根据"拉弗曲线"推断说能。不错，"拉弗曲线"说过当一国税率超过最佳税率时，降低税率税收会增加。但我们同时也可以这样理解"拉弗曲线"，当一国税率低于最佳税率时，税率下调税收会减少。问题是美国最佳税率是多少没人清楚，减税对美国究竟是福是祸不好说。而可以肯定的是：美国本次综合减税 4 个百分点，若要保

证总税收不变，应税收入就得增长 10%，GDP 增长就得增长
10%以上，我认为美国不存在这种可能。1981 年里根减税后，
1983 年 GDP 增长最高为 7.8%；1984 年即降至 5.7%，之后便
一路下行。

第二个推论：假若美国未来应税收入增长赶不上税率下
降，而且国债规模保持不变，那么政府就必须削减支出。此推
论的逻辑是：应税收入增长赶不上税率下降，说明政府税收会
减少，而如果政府不增发国债，显然，政府除了减支别无选
择。美国减支的空间有多大？我看到的数据，特朗普拟在军费
和医保方面下手，今后 5 年每年将削减 1000 亿美元。

不过这只是一方面；另一方面，未来几年美国政府支出却
可能会增加。据货币金融机构官方论坛（OMFIF）的一份研究
报告称，今天美国的基础设施已十分陈旧，急需修缮，而且基
础设施又是特朗普政策框架的核心之一。该报告估算，美国基
础设施总缺口约在 3.6 万亿美元左右，其中交通基础设施约 2
万亿美元、电力基础设施约 7360 亿美元、学校约 3910 亿美元。
麻烦在于，美国私人企业并不热衷基础设施投资，PPP 也不流
行。由此看，美国减支的余地并不大。

第三个推论：假若美国政府支出不能减少，而未来应税
收入增长又赶不上税率下降，那么政府弥补预算赤字就必须
增发国债。事实确也如此，特朗普为了给减税铺路，之前就
提出 10 年扩债 1.5 万亿美元的计划，而且去年 10 月已获国

会批准。扩债意味着什么？"李嘉图—巴罗等价定理"一语道破："今天的债就是明天的税"。是的，政府借债最终要还，还债的钱从哪里来？当然只能来自税收。这是说，政府发债越多，未来纳税人的税负就会越重，政府发债不过是在预支明天的税。

众所周知，美国是当今全球最大的债务国，至2016年底债务总额达20.17万亿美元，政府债务负担率超过了100%，人均负债6.28万美元。读者想想，美国原本债台高筑，若再扩债不加税拿什么还债？当年里根执政后也推行过减税，可随后几年便上调各种关税；1982年加大了对企业的税收，1983年提高了工资税，1984年提高了能源税；到克林顿执政时期，美国将个人所得税的最高边际税率，从31%提高到39.6%。

上面三个推论，其指向很明确，一句话：美国今天减税，日后必然加税。事实上，美国现在就在一边减税一边加税。不是吗？比如新的税改方案一方面提高个人所得税抵扣，同时又取消了原来每人每年4050美元的抵扣标准，这样一来，人口多家庭的税负反而比以前更重。读者若是同意我上面的推论，那么本文的结论是：特朗普减税前景不容乐观。

特朗普实施减税，目的是要吸引国际资本到美国投资。特朗普最终能否如愿？我认为很难。我们知道，国际资本流动不只取决于税率高低，同时还受原料产地、消费市场、用工成本等诸多因素的约束。而在这些方面美国并无优势，所以希望用低税率吸引国际资本的想法恐怕只是一厢情愿。再说，国际投资者不蠢，明知美国今天减税日后会加税，谁会把企业搬到美国去？

美国为何发动贸易战

美国宣布拟对中国商品征收 25％ 关税，看架势是要孤注一掷；而中国商务部表态将奉陪到底。中美贸易战会不会打起来？有专家认为会；也有专家认为不会。经济学说，推断行为要根据约束条件下的利益最大化规律。而推断美国是否真想打贸易战，就要分析打贸易战美国所面临的约束以及美国能否得到最大化利益？

先提一个问题：美国今天已站在全球产业链的最高端，是国际分工的最大受益者，可美国为何反对自由贸易？亚当·斯密和李嘉图说得清楚，一个国家要分享国际分工的利益，前提是国际贸易要自由。比如有甲、乙两个国家，甲种粮的成本低，织布的成本高；而乙种粮的成本高，织布的成本低。只要甲、乙按各自优势分工，然后甲用粮食与乙交换布，则两国可以双赢。

　　请注意，这例子暗含了两层意思：一是分工可提高效率；二是没有贸易自由就没有分工。为何说没有贸易自由就没有分工？还是用上面的例子，假如甲专种粮食而乙专织布，但若甲不能用粮食换乙的布，或乙不能用布换甲的粮食，不能互通有无，两国怎可能形成分工？读者想想，美国作为国际分工的最大受益者，反对贸易自由是不是毫无道理？

　　美国当然不会承认自己没道理。特朗普说，美国对中国商品征收惩罚性关税，是因为美中贸易不平衡，美国长期逆差，中国顺差。听上去似乎在理，但细想却不对。美国贸易逆差说明什么？说明美国从中国买到了他们所需要的商品，而中国却未从美国买到所需要的商品，而只是用商品换回了美元。由此看，中国贸易顺差并不代表中国占便宜；美国贸易逆差也不代表美国吃亏。

　　想深一层，中美贸易要平衡，对美国来说其实易如反掌。中国政府多次表示希望扩大进口，可美国的高科技产品却始终不卖。自己的商品不卖怎会不逆差？再有，战后美元一直是国际中心货币，美国只要印出美元，就可在全球采购商品，而中国要进口美国商品，必须先出口商品换回美元。这样一来，美国贸易就难免有逆差。事实上，美国今天不仅对中国有逆差，对全球100多个国家也有逆差。

　　上面的道理特朗普不会不懂，所以我不相信美国发动贸易战是为了贸易平衡？另外还有个证据：美国打贸易战，主要一招是对中国商品加关税。对中国商品加关税能扭转美国的逆差么？美国对中国的逆差会减少，但不会改变美国对全球的逆差。理由简单，中国出口到美国的大多商品美国自己不生产，不从中国进口就得从其他国家进口。算总账，美国的逆差不会变。

由此见，所谓"贸易平衡"不过是美国的一个幌子。醉翁之意不在酒，真实目的是要维护美元霸权。战后美国称霸世界，靠的就是军事霸权与美元霸权。曾记否？20世纪70年代日本经济崛起，日元挑战美元，1985年美国却用一纸"广场协议"将日元击败了；1999年欧盟19国推出欧元，2002年进入流通，结果到2009年欧洲发生主权债务危机，至今欧元一蹶不振。2010年，中国成为全球第二大经济体，人民币国际化提速，于是美国把中国当成了对手。

美国将中国视为对手是他们的事，我们管不了。当下的问题：美国发动贸易战我们要怎样应对。容易想到的是中国对美国商品也加关税，以牙还牙。这样做当然无可厚非，也有必要。可冷静地想，加关税未必是反制美国的唯一选择。加关税虽能抑制美国对中国的出口，但伤敌一千，同时也可能自损八百。损人不利己，当然不是上策。

上策是什么呢？前面说，美国最担心的是美元霸权地位被动摇。民间有句俗语：打蛇打七寸。既然美国要维护美元霸权，那么我们就应去动摇美元霸权，若不一次将其打痛，日后还会得寸进尺。虽说目前人民币无法代替美元的地位，但美元霸权今天已是岌岌可危，我们完全有能力动摇美元的地位。不是吗？美国之所以为维护美元霸权大动干戈，其实是他们自己对美元底气不足，心虚而已。

简单说说美元吧。1944年，由美国主导建立起布雷顿森林国际货币体系，从此美元替代英镑成为国际中心货币，当时美元靠的是黄金支撑；上世纪70年代初发生美元灾，美元与黄金脱钩，布雷顿森林体系解体，美元改用石油支撑。可随着石油储量减少和新能源的出现，美国意识到用石油支撑也难以为继，于是想到了用"碳排权"支撑，2009年哥本哈根气候峰会上美国到处游说，可惜多数国家不买账，这样就给美国留下了心病。

是的，今天美元霸权正在失去支撑，这确实是美元的软肋，对此中美双方都清楚。而作为对美国发动贸易战的反制措施，今年3月26日中国原油期货在上海期货交易所正式挂牌，而且中国政府承诺，任何接受人民币结算的石油出口国均可用人民币在上海黄金交易所兑换黄金。可想而知，中国此举对美元霸权将意味着什么？

读者也许要问，美国发动贸易战会因中国推出石油期货而罢手么？目前不好说，还有待观察。不过即便美国不罢手，中国还有更大的牌可出。我想到的是，美国现在国债中有4万亿美元由外国机构持有，而中国就持有约1.2万亿。可以推定，假如中国大量抛售美债，美债收益率必上升；而美债收益率上升，必会推高美国的融资成本；而融资成本上升，必会打击美国股市和经济。

说来也巧，中国的底牌并未亮出，可美国财长姆努钦 4 月 6 日在接受 CNBC 采访时表示：对中国有可能抛售美债这一杀手锏"完全不在乎，因为美债有很多买家。"他的话不知别人是否相信，我是不信。这里只问一句：当美债收益率升高，有朝一日美国无力兑付其收益时美债会否贬值？美债一旦贬值，后果怎样无需我说出来吧！

从教者说

突出问题导向

党校教员讲课要坚持问题导向，这一点恐怕今天没人会不同意。既然大家都赞成，再写文章岂非多此一举？当然不是。自己从教二十多年的经验说，赞成问题导向是一回事，而能否贯彻问题导向是另一回事。这些年常听到学员抱怨我们有些教员讲课缺乏针对性，说白了其实就是没有突出好问题导向。

曾与校内年轻教员交流过。很多人以为，问题导向是指一堂课要针对某个问题讲。这样理解虽不算错，但也不完全对。大家想想，教务部安排进教学计划的讲题哪一个不是重大问题？可为何学员反映有的教员讲课针对性强而有的教员针对性不强呢？甚至同一个讲题，不同的教员讲针对性也会大不相同？看来讲题设计要针对问题只是一方面，关键还在怎么讲。

在党校当教员，我们都曾听过别人讲课，怎样评价一堂课讲得好不好？若让我说，就要看主讲教师能否为我释疑解惑。比如之前我不明白的道理，若听课后明白了；之前我一直坚持的观点，听课后却发现自己原来理解错了；之前不懂得分析的问题，听课后茅塞顿开、知道怎么分析了。这样让我有收获，当然会认为这堂课讲得好。

人同此心，心同此理。其实，学员听我们讲课也有同样的期待。也正因如此，所以在党校要想讲好课就必须坚持问题导向。我在前面说，坚持问题导向不仅是讲题设计要针对问题，更重要的是整个授课过程都要针对学员的困惑。否则，如果我们讲课不针对学员的困惑，天马行空、无的放矢，学员也一定会云里雾里，不知所云。

几年前我曾听一位校外专家讲生态环境问题，本来是慕名而去，结果却扫兴而归。那位专家一开始就演示了大量PPT图片，介绍当前国内生态环境问题有多严重；接下来他讲造成环境问题的三个原因：一是地方官员不重视环保；二是环保部门监管不力；三是财政对环境治理投入不足。最后他的结论是：解决生态环境问题要加强领导、加强监管、加大投入。

不能说那位专家没有问题意识，生态环境本身就是重大问题，可他两个多小时讲下来却未回答我的困惑。我当时的困惑是，中央高度重视环保可为何地方官员不重视环保？在国家财力有限的条件下治理环境除了政府投入是否还有别的办法？市场机制在生态环保方面如何发挥作用？所以在我看来，他的讲题虽然针对了问题，但讲课却未针对听众的困惑，并没有贯彻好问题导向。

是的，讲课所强调的问题导向，关键是要针对学员的困惑。这是说，教员要想讲好课，课前首先就得对学员有何困惑做到心中有数。问题是我们怎知道学员的困惑呢？当然是到学员中去调研，要是不调研，闭门造车，讲课难免会放空炮。我们常说理论要联系实际，对讲课来说，其实可理解为理论联系"问题"，这里的"问题"，就是学员的困惑。

说到学员的困惑，具体讲我认为有三方面：一是在讲题所涉领域学员目前尚未想到或者被忽视的问题；二是学员想到了但普遍存在疑惑与误解的问题；三是学员想到了而且也想对了，但不知道如何分析论证的问题。教员备课时不妨扪心自问，自己对以上三方面的问题是否清楚？若不清楚，你最好先去做调研，做完调研再回来写讲稿。

以上三方面问题清楚了，那么水到渠成，讲课也就有了针对性。说一件我自己亲历的往事。1992 年我从中国人民大学毕业后到党校任教，那时候党校不像现在有这么多班次，年轻教员上讲台的机会不多，主要任务是跟班听课。想来也是幸运，当时进修部组织员王雪玉同志安排我为省部班学员作一次集体答疑。说是答疑，其实是讲一堂课。没想到课后学员会对我那堂课好评如潮，之后我也因此取得了进入主体班上课的资格。

人贵自知，那堂课能够大获成功，并非是我有什么过人的本领，而是那时候天天与学员一起听课、一起研讨。朝夕相处，我知道学员的困惑在哪里；加上是答疑，所以备课时我把握了一个原则：凡是学员懂得的道理我皆不讲，重点只讲那些学员有疑惑或有误解的问题。当时我并不懂得"问题导向"，纯属无心插柳，不过那次意外的成功，却让我领悟到了讲课"针对性"的奥妙。

前面我将学员困惑分为三类，是自己多年教学实践的总结。不知别人怎么看，但我自己觉得很管用。当年在经济学部任教时，每当接到新的讲题我都会去与学员研讨，目的是投石问路，看看学员对我的讲题有何思考，有哪些疑惑或误解，有哪些问题需要我提供论证，讲课时我就针对这些问题讲。这办法屡试不爽，许多学员毕业多年后还说记得我当年讲课的观点，说明那些观点曾引起过他们的共鸣。

我说这些并非王婆卖瓜，而是希望年轻教员要舍得花时间了解学员。磨刀不误砍柴工，只有真正了解学员，讲课才会有针对性。这么说吧，假如你讲课能将学员引导到一个新的思维层面，或是你能澄清学员普遍存在的某些误解，又或是你能为学员提供分析某个问题的新角度与新方法，学员绝不会认为你讲课脱离实际、没有针对性。

最后要说的是，问题导向固然重要，但讲课要想满堂彩仅有问题导向不够，同时还得有学理支撑与恰当的讲课艺术。没有学理支撑，面对学员的困惑你会力不从心；而有学理支撑若无恰当的讲课艺术，照样也会美中不足。至于何为学理支撑与讲课艺术，限于篇幅我将另文谈。

强化学理支撑

前篇文章我说要讲好一堂课仅有问题导向不够，同时得有学理支撑。党校教员讲课与地方或部门的领导作报告不同，领导作报告是根据中央精神部署安排工作、提具体要求，用不着讲学理；教员讲课则是帮助学员领会中央精神、提高分析解决问题的能力，要是没学理支撑，学员就不会把你当专家看。

党校的学员都是高中级干部，久经历练，大多有丰富的实践经验。他们来党校学习并不是要让教员为解决某些具体问题支着儿，而是希望在理论上进行充电。相比而言，我们教员缺乏实践历练但却有学理方面的优势，这样各自扬长避短，学员向教员学习理论，教员向学员了解实际，教学相长、各取所需，彼此正好可以优势互补。

可目前的现实是，我们不少教员上课却热衷于讲对策，对学理分析反倒不重视。在上学期培训部召开的座谈会上就有学员直言不讳地建议：老师上课不要过多讲对策，应把重点放在理论分析上。暑假前征求中组部驻班联络员的意见，他们也说讲对策并非教员的强项，理论没讲透就急于讲对策，效果往往适得其反，让学员认为你不懂实际。

作为同行，我明白我们教员为什么会热衷于讲对策。多年来学员一直有反映，说我们教员讲课容易理论脱离实际。为了不脱离实际，于是有人以为应重点讲对策。其实这看法是一种误解。我曾在中青二班当过一年的学员，据我所知，学员抱怨某些教员理论脱离实际，是指讲课空对空、没有针对性。要是有针对性，学员并不要求教员讲对策，倒是希望更多地从学理层面作讲解。

前篇文章我提到过生态环保，现在"生态文明建设"也是校内主体班的重要讲题，这个问题怎么讲？若是讲对策，恐怕你我都可以提出若干对策来，而我们教员经常提到的是关闭那些高能耗、高污染的企业。往深处想，这类企业真的能"一刀切"么？若是能够"一刀切"政府又何必等到今天？再说，这样的对策难道学员自己想不出？所以提对策要以学理为基础，要考虑可操作性，绝不可拍脑袋、想当然。

就用这个例子，让我说说如何用学理分析吧。研究生态环保问题，不同的学科有不同的学理。别的学科我不懂，但我知道用经济学怎样分析。经济学认为生态环境被破坏，原因是企业的私人成本与社会成本分离。企业为了追求利润最大化不断排放废水废气，而企业只承担私人成本（料、工、费），对环境污染所造成的社会成本却不承担，正因如此，企业才肆无忌惮地污染环境。

由此看，解决生态环境问题，关键是要将社会成本内化，让企业承担相应的社会成本。怎样将社会成本内化为企业成本呢？经济学有两种思路：一是庇古方案，即将社会成本与税收挂钩，由政府直接向污染排放企业征税；二是科斯定理，即由政府根据交易费用（社会协调成本）高低给企业分配排放权，并通过排放权的市场交易将社会成本内化。显然，前者是政府调节的思路，后者是市场调节的思路。

到此学理就算讲清楚了。学理清楚了，教员可以讲对策。不过，讲对策应重点针对体制机制，不要为具体问题开处方。比如内化社会成本是通过征税还是通过市场是体制问题，我们可以提建议；但对排放权具体怎么分配，是给甲企业多一些还是给乙企业多一些，此类具体问题不必讲。各地情况千差万别，我们不可能知道各地不同分配方案可能产生的交易费用是多少，既然不知道，我们凭什么替人家拿主意？

教员应将重点放在学理上，对策要少讲甚至可以不讲，学理讲清楚了学员自己会知道应该怎么做。另一方面，从科学方法论讲，现实问题也必须用学理解释，不能用事实解释事实。比如下雨天你看见有人摔倒，有人摔倒是个事实，下雨也是事实。如果你解释有人摔倒是因为下雨，那你是用事实解释事实。

而用学理解释，则是路面摩擦力小。这是说，如果摩擦力够大，下雨不会让人摔倒；摩擦力过小，不下雨也会让人摔倒。

学习理论的目的在于指导实践。教员讲课注重学理分析，目的就是要引导学员运用学理指导实践。所谓学理，简单说就是反映客观规律的理论原理，是理论分析框架。如果我们能让学员懂得学理，学员也就掌握了规律与分析框架，今后遇到现实问题他们自己就可举一反三，自行应对。韩愈说：师者，传道授业解惑也。这样看，加强讲课的学理支撑正是我们教员的职责所在。

说到这里另有两点要提醒：一是用学理分析现实问题需对现实作学理转换。事实上，很多现实问题是不能直接用学理分析的，如果不将现实问题转换到学理层面，理论会派不上用场。前面我们之所以能用科斯定理分析生态问题，是因为先将生态问题转换成了社会成本问题。我反复思考过，过去学员说我们有些教员"理论与实际两张皮"，症结就在没有做这种转换。

第二点也是我认为最重要的，讲课要有学理支撑，教员自己得有厚实的学术功底。学术功底从哪里来？当然是要多读书。马列经典要读；中央文件要读；其他经典也要读，只有读书多了功底才能扎实。可现在我们有些教员不愿坐下来读书，总想走捷径。教务部曾编过一本上世纪50年代前后党校一批名师的《老讲稿》，建议大家去读一读。读这部讲稿给我的感受是，若不博览群书绝对成不了一流教员。

谈讲课艺术

　　讲课有没有艺术这回事？我的看法当然有。虽然我曾说过，一堂课讲得好不好，首先要看教员是否有思想，能否对学员有启发，口才在其次。但这并非说口才就无关轻重，相对思想性，口才的确在第二位，不过，一个教员要是既有思想，又有口才，两全其美岂不善哉？

　　我们都曾做过学生，撇开大学不说，从小学到中学，为何有些老师讲课我们爱听，有些老师讲课我们却不爱听？照理中小学老师讲的都是教科书，是传授知识，彼此思想性不应有太大差别，可受欢迎的程度为何会不同？说到底，是教师讲课的艺术有高下。其实不止老师，日常生活中这样的例子多的是。比如领导作报告，同样讲经济形势，有人讲得妙趣横生；而有的却让人昏昏入睡。我曾听过朱镕基总理的报告，观点对错见仁见智，单论讲话艺术，我认为无可挑剔。最近《朱镕基答记者问》一书正在热销，不信你再读读看。

实不相瞒，年轻时我十分留意别人的演讲技巧。大学期间，曾读过不少名人的演讲录，不是我追星，而是他们的演讲实在有感染力。也曾试图寻找规律，苦思冥想，可直到毕业仍不得要领。所幸的是，读研究生时我的导师王时杰教授口才好，操四川口音，说话抑扬顿挫，听起来很有韵味。而他最大的特点，是讲问题总能化繁就简抓住要害，并恰到好处地给出例证。也是巧得很，那时我正好看到卡耐基的一本小册子《语言的突破》，一夜间大彻大悟，有如醍醐灌顶。我今天的讲课风格，自认为是得益于《语言的突破》的提点，当然更多是王时杰教授的真传。

其实说起来，讲课艺术并不神秘，不过由于人们审美情趣不同，对何为讲课艺术难有统一的标准。就像写文章，文无定法，我们很难说得清一篇文章要按什么标准写，但一篇好文章，却往往又能得到读者的公认。讲课亦如此，虽无一致的标准，但依我多年做教员的经验，有三条我认为最要紧：1.三个清楚：即想清楚、写清楚、说清楚；2.深处求新，浅处求胜，通俗地讲就是深入浅出；3.掌握节奏，推动互动。字面看，这三条简单得令人吃惊，但要做到出神入化却非一日之功，需反复操练。为表达方便，下面让我分点谈吧：

第一，三个清楚。我认为这是对教员讲课最起码的要求。不能想象，教员自己没想清楚的问题，会给学员讲清楚；退一步，即便教员想清楚了，那也未必能讲明白。因为从想清楚到说清楚，中间有个环节就是写。今天学校为何要求教员写讲义，我想这不单是为了方便学员预习；更重要的，是要督促教员把问题想透彻。诸位应该有这样的经历，有时某个问题自以为是想清楚了，可一旦落实到纸上，却发现写不清。写不清怎能说得清呢？

写到这里，有个现象要说一下。当下我们有的教员讲课只注重 PPT（课件），却不重视写讲稿。事实上，讲稿比 PPT 重要得多，写讲稿的过程，本身就是研究过程，不下功夫写讲稿，研究做得不扎实，PPT 再花哨有何用？徒有其表，课不可能讲得好。经验说，教员即使能把问题百分百讲清楚，学员也只能理解 90%；教员若只讲清 90%，学员则只能理解 70%；教员要是一知半解，那么学员一定是不知所云。由此看，教员要讲好课，写讲稿绝不可敷衍，只要讲稿真写得好，哪怕你在台上念，学员我想也不会给低分。

第二，深处求新，浅处求胜。这是说，在备课写讲稿前，研究要深入，要勇于求新；但在写讲稿或讲课时，语言要浅白，要通俗易懂。牛顿说过，把简单的问题复杂化，可发现新领域；把复杂的问题简单化，可发现新定律。是的，研究问题应从简单到复杂，想得愈深入愈好，但讲课相反，表达则是愈通俗愈好。真佛只说家常话。大家去看看《毛泽东选集》，看看《邓小平文选》，是不是一读就懂？其实毛主席讲"枪杆子里面出政权"；邓小平讲"不管黑猫、白猫，能抓住老鼠就是好猫"，语言虽朴实无华，但道理却博大精深。

关于讲课艺术我自己有一点体会，就是要把讲理论与讲事件结合起来。一堂课两小时，假若从头至尾光说理论，课堂会显得太沉闷；但若通堂都讲事件而不讲理论，学员又会感觉肤浅。而且还有个技巧，就是要善于用小事件来讲大道理，比如亚当·斯密讲分工理论，用的就是工厂制针的例子；科斯讲产权理论，用的是工厂排污的例子。别看这些例子很平常，但你若能用好这些例子，讲起课来将有如神助。

第三，掌握节奏，推动互动。教员讲课要注意调节课堂气氛，有两个要点：一是讲解的节奏；二是课堂互动。记得卡耐基说过，成年人集中注意力一般每十五分钟为一个单元。意思是说，超过十五分钟，人的注意力会分散。既如此，那么教员讲课就得把握这个节奏，每过一刻钟，就不妨放松一下，或讲个笑话，或插入一个小故事。不过笑话与故事要紧扣讲题，不得游离太远；至于推动互动，办法很多，既可向学员发问，也可让学员提问。不过这并不是最好的互动形式，想当年，朱镕基总理来党校讲课，就不曾让学员提过问，可大家不时报以热烈的掌声与会意的笑声，这其实也是互动，而且是最高境界的互动。

当然，我并不是说大家都得去仿效朱总理，他的演讲极富个人魅力，别人想学也未必学得来。本来，教员讲课就是为了传道，只要能把问题讲清楚，学员爱听，一切管用的讲课方式应该都是艺术。这样看，东施效颦大可不必，同时我们也用不着把讲课艺术看得太神秘而作茧自缚。

说名师

　　一流的学府，得有一流的名师。何谓名师？顾名思义，名师是指那些学富五车而大名鼎鼎的老师。古往今来，写老师的文章多，不计其数，而我最推崇的还是韩愈的《师说》。一句"传道授业解惑"，前无古人，把老师的职责写得淋漓尽致。本文论"名师"，当然不是教人如何出名，而是讨论第一，怎样的老师才算名师；第二，中国当下为何缺名师。这两个问题大，仁者见仁，让我说说自己的看法吧。

　　我眼中的名师，最重要的一点，名师首先得有真学问。业精于勤，不勤则不精。这是说，名师一定是勤于业的。俗语说，板凳要坐十年冷。不经寒窗苦读，腹中空空，无论你怎样有名，那也不是名师。当今新闻媒体发达，尤其有了互联网，要出名几近易如反掌。比如有的教师不埋头研究，而整天热衷于上电视，有的甚至不惜在网上靠发表骇人听闻的言论来博取眼球。说起来，这些人名气也不小，可我看却算不上名师。投机取巧，不过浪得虚名而已。

作为名师要有真学问，但仅有学问还不够。人们常常把教师称为人类灵魂的工程师，教师既不盖房子，也不画图纸，怎会如此形容教师呢？我的理解是这样：古人讲，修身齐家治国平天下。意思是说，欲治国，先修身。而教师教书育人，为人师表，当然要在品德方面成为标杆。尤其是名师，让人仰望的应不止于学术，更是燃烧自己照亮别人的品德，其所求，是凡人难以企及的，如奉献；其所不求又是凡人难以割舍的，如功利。名师的学问也许会被后人追赶，但品德却难以被人跨越。

名师的另一特性，是有海纳百川的胸怀。当然，名师有名师的高度，但名师的高度绝不是飞扬跋扈，唯我独尊，而是体现在眼界与境界上。越是名师，就越有谦逊的品行，我读书教书数十年，接触的老师无数，我发现，但凡名师皆有大气度。我自己的导师宋涛教授就是例子。宋老师从教七十余载，桃李满天下，可他从不摆学术权威的架子。当年我写博士论文，他提修改意见后总会说，你可以不同意我。有一次我真的对他的意见提出了异议，没想到他思考片刻就立马承认是他错了。试问这不是名师风范是什么？

再有一点，名师所以为名师，就是他（她）与一般老师不同，一般老师主要是授业，而名师除了授业还要传道。当然，授业重要，不授业无以传道，但"业"却又不能代替"道"，"业"是知识、技能，是为"道"做铺垫的，据说一万公斤玫瑰才能提取一公斤精油，若把一万公斤玫瑰比作"业"，那么精油才是"道"。《说文解字》讲："道，所行道也。"而师者所传之"道"，应该指道理、道德、道义，这与"道路"何干？拆开想其实也有理。"道"是"首"加上走字边，联想起来，是指头脑走的路径，即思想、思路。所谓传道，直白地说就是教人规律与思维方法。这样看，名师同时也是哲人。

清代有位国学大师，叫王闿运，此人是曾国藩的老师。他把学问分为三等：一为诗文之学；二为功名之学；三为帝王之学。所谓诗文之学，纯粹是文人墨客附庸风雅，无病呻吟；而功名之学，则是为了高官厚禄，顶戴花翎，说白了还是为一孔私利；而帝王之学却与前两种不同，为的是天下苍生，江山社稷。是的，真正的名师，传授的学问一定能造福社会。别的学科我不知，比如经济学，上世纪末"厉股份"（厉以宁）、"吴市场"（吴敬琏）在国内家喻户晓而成为名师，说到底，是因为他们传授的学问推动了改革。

转谈第二个问题吧。上文提到了厉、吴两位教授，不是说国内经济学名师就只他们两位；而且其他学科也有名师。不过有个现象值得研究，近些年，高校教师的学历普遍提高了，没博士学位已进不了高校；而论研究条件，更是昔非今比。可令人不解的是，为何现在名师反而少了呢？就说中央党校，历史上党校也曾是名师辈出。提起杨献珍、艾思奇、郭大力、王学文、何其芳等党校教员，至今学界还如雷贯耳，肃然起敬。而今天的党校名师虽然有，但却凤毛麟角。对此怎么解释呢？

我想到的答案有两个：第一，官本位作祟。我认识的不少政府官员，当年其实就是高校的教师，而且是很有潜力成为名师的教师。可惜当他们有点学术成就后便改行从了政，人在官场，不能专心做学问，也不再教书，当然也就成不了名师。第二，利益诱惑。应该说，今天高校教师面临的诱惑实在多，一旦出点名就忙于四处赶场，做独董、当顾问，日进斗金，财源滚滚。但久而久之学问荒疏，低水平输出，这样终究只能昙花一现，与名师无缘。

有一种观点，认为今天党校名师少是由于校方推介不力。有这种想法可理解，但我认为这观点是错的。大约十年前，校方就曾有意推名师，而我当时就不赞成。我的看法，名师既不能靠行政认定，也不能靠宣传包装。出名师的关键，是要靠激励机制让教员爱岗敬业，专心学术。前些天王怀超教授动议，说应让党校名师享受副部级待遇。主意虽好，可操作起来难。而我的建议是，只动内部分配，比如不突破工资总额而档位拉开，让骨干教师工资至少再增多五倍。这样避难就易，诸位想想看，其效果是否也与怀超教授的办法异曲同工呢？

论师道尊严

　　众人皆说中国有尊师重教传统，自古如是。可奇怪得很，我从教近 20 年，却并不觉得别人真的有多么看重教师这个职业。旁的不说，当年大学毕业求职，同学中愿去学校教书的并不多，即便最初选择了做教师，后来也纷纷改行另谋高就。屈指算，今天大学同学还留在讲坛教书的已寥寥无几。当然，不是说尊师重教大家就得去教书，但多数人不肯教书至少不能说教师的地位足够高吧？

　　我们这代人不愿做教师，原因多，不过依在下看，大概还是与上世纪 60 年代的"文革"有关。当时我刚进小学，记忆最深的是有位叫张端云的老师，不是本地人，课讲得好，普通话也说得好，学生家长对她皆尊敬有加。可突然有一天上头说张老师丈夫是右派，她是敌特，于是不仅遭到了无情批斗，最后还被赶出了学校。像这等荒唐的事那时候特别多，连我的导师宋涛教授当年也被自己的研究生批斗过。是的，"十年浩劫"，礼崩乐坏，学生时代留下的这种阴影至今挥之不去。

教师传承文明，尊师也就是尊重文明。何况自己是教师，当然希望全社会都能尊师。但我这里写"师道尊严"，却非单单为了让人们"尊师"。不少人以为，"师道尊严"就是学生要尊重老师，这样说虽不算错，但也不全对。我的看法，"师道尊严"关键在"师道"，道之所存，师之所存也。这是说，先有"道尊"而后才有"师尊"。所谓"道尊"，就是要重师德，讲操守，有学识。教师为人师表，对教师来说此三条缺一不可。

由此看，做教师的要赢得学生尊重，得首先自我尊重，恪守"师道"。否则，不尊"师道"而却让别人敬重你，那是白日做梦。想想看，一个教师若不严于律己，道德失范品性不端，你叫学生尊重你什么？再有，你若不专于职守误人子弟，别人还去尊重你那他岂不成了傻瓜？我们都曾做过学生，从小学到大学认识的老师无数吧？扪心自问，为何对有的老师心怀崇敬而对有的老师不以为然呢？答案无他，就在老师的师德与学问有高下。

当然，以上只是我对"师道尊严"的理解，见仁见智，大家可以有不同的解读。所谓"一日为师，终身为父"，原则上我是同意的；但作为教师，"尊严"我认为得靠自己树立，而且"尊师"也绝非是要让学生俯首帖耳，唯命是从。历史上，孔子就曾主张教学相长，鼓励学生"当仁，则不让于师"。而韩愈也讲，师生本是"无贵无贱，无长无少"，彼此平等。这样看，若把"师道尊严"看作教师高高在上、一言九鼎，学生只能绝对服从，那么恐怕就曲解"师道尊严"的含义了。

当下有个现象，本来我不想说，但考虑再三还是觉得说出来好。现在有些教师不把学生当学生，而是当旧时候的徒弟看，于是师生就成了师徒。我无意贬低过去的师徒关系，但师生毕竟不是师徒。师傅带徒弟重在授业（传艺），师傅有绝对权威，而且讲门派，如少林弟子就不得习"武当"；而老师教学生虽也授业，但主要是传道，学生可兼收并蓄、博采众长。还有，徒弟对师傅存在某种依附关系，通常是"三年学艺两年帮"，而今天师生平等，学生是不必替教师干私活的。

我这样指出师生与师徒的分别，并非刻意抠字眼，我想表达的是，老师不同于师傅，在学术上，老师不能搞唯我独尊。若学生与老师见解不同，老师不可压制学生；学生质疑老师的学术观点，也不是冒犯"师道尊严"，不能扣"不尊师"的帽子。的确，教师是应该有这种胸怀的。古人讲，"弟子不必不如师，师不必贤于弟子。闻道有先后，术业有专攻，如是而已"，外国人也说，"我爱我师，但更爱真理"。其实，用科学态度对待学术，不以身份论对错，这才是真正"道"的要求。

我所知道的，亚里士多德是柏拉图的学生，但他创立的哲学体系与老师截然不同；凯恩斯是马歇尔的学生，但他提出的理论却突破了新古典框架；梁启超是康有为的学生，但后来却接受民主共和的思想。这些伟人无一不感怀师恩，无一不尊敬自己的老师。说我自己的例子，当年跟宋涛教授读博士，每次上课，宋老总说你可以不同意我，起初以为是客套。有一次，他帮我修改论文，而我却告诉他对某些修改不赞成，结果你猜怎么着？宋老说，"你是对的，我错了"。那时那刻，我对宋老的崇敬油然而生。

这是一方面。另一方面，教师不同于师傅，不得视学生为雇员。换个角度说，学生不给老师干私活也不是不尊师。君不见，近些年不少高校教师不愿给学生上课，但却热衷到处拉课题让学生干活。在教师眼里，学生就是打工仔；而在学生眼里，老师就是包工头。我本人在多个场合就曾听到过这种议论，甚至有学生称自己导师为"老板"。也难怪，学生替你干活，你给学生工钱，你不是老板是什么？问题是学生一旦把你当老板看，原本的师生关系变成了雇佣关系，如此，作为教师请问你的尊严在哪里？

不错，教师是有尊严的，而且教师的尊严是神圣的。写到这里我要说的还是那句话，教师固然需要他尊，但更需要自尊。要明白，"师道尊严"不是保护伞，不要指望强调"师道尊严"就能守住我们的尊严，若是那样想就大错而特错了。

附　录

中国经济体制改革的理论逻辑与实践逻辑

推进供给侧结构性改革也是扩内需

中国经济体制改革的理论逻辑与实践逻辑 *

　　中国是社会主义国家，在社会主义公有制为主体的基础上成功地建立起市场经济体制，是马克思主义政治经济学中国化的重大创新实践。改革开放 40 年来，国内理论界围绕如何推动经济体制改革进行了积极大胆的探索，其间出现过不少争论。早期争论的焦点，主要是公有制与市场经济如何结合以及如何处理计划与市场的关系。党的十四大报告提出我国经济体制改革的目标是建立社会主义市场经济体制；党的十八届三中全会又明确强调使市场在资源配置中起决定性作用，更好发挥政府的作用。于是理论界讨论的重点又转向如何让市场起决定性作用和怎样更好发挥政府作用。本文将就以上问题进行讨论，并试图对中国经济体制改革的理论逻辑

　　* 本文发表于《管理世界》2018 年第 4 期。

与实践逻辑作出解释。

一、在社会主义公有制为主体的基础上发展市场经济，逻辑前提是改革公有制实现形式，实行生产资料所有权与产品所有权分离

1978 年实行改革开放，国内学界就公有制与市场经济能否结合以及如何处理计划与市场关系等问题展开了讨论，从 1992 年邓小平发表南方谈话，经过近 20 年的改革探索，到 2010 年"十一五"规划完成时我国已基本建立社会主义市场经济体制，可欧美国家却至今不承认中国市场经济地位，理由是中国经济以公有制为主体。公有制与市场经济到底是何关系？看来这个问题需要进一步澄清。

不承认中国市场经济地位的偏见，源头是来自西方经济学。西方主流经济学理论认为，商品交换有两大前提：一是社会分工；二是财产私有且受法律保护。没有分工，大家生产的产品相同当然用不着交换；若财产不是私有且不受法律保护，将别人产品无偿占为己有不受惩罚，这样弱肉强食也不会有交换。正因如此，所以西方主流经济学将"财产私有"作为商品交换或者市场经济的前提性假设。

一般地说，把分工作为交换的前提是对的。不过亚当·斯密的观点却相反，认为是交换决定分工。在他看来，交换的范围多大，分工才能在多大范围进行。斯密这样讲也不算

错，然而从人类历史看，则是先有分工后有交换。原始社会末期就是先有部落内部分工，之后才出现部落间的零星交换；封建社会男耕女织（分工）已很普遍，可那时也没有普遍的交换。所以准确讲：是分工决定交换；交换促进分工。

上面的道理好理解，无需多解释。我想重点讨论的是：第一，交换的前提到底是财产私有权还是产品私有权？第二，公有制基础上何以产生商品交换？第三，产品私有是否就是指某个人独自占有？

先讨论第一个问题。早在 20 多年前邓小平在南方谈话时就指出："市场经济不等于资本主义，社会主义也有市场。"可当时就有人质疑，说马克思明确讲"私有权是流通的前提"，中国以公有制为主体怎能产生商品交换？这一质疑显然与欧美国家不承认中国是市场经济异曲同工，还是让我从马克思说起吧：

不错，马克思在《政治经济学批判（1857—1858 年手稿）》中确实讲过"私有权是流通的前提"；在《资本论》第一卷中马克思还说，交换双方"必须彼此承认对方是私有者"。有人推定马克思认为交换的前提是私有制大概就是根据以上论述，不过我要指出的是，此推定其实是对马克思的误读，并不符合马克思的原意。

何以见得？我的依据有二：首先，马克思从未说过交换产生于私有制，相反他认为是产生于公有制。在《政治经济学批判》第一分册中写道："商品交换过程最初不是在原始公社内部出现的，而是在它的尽头，在它的边界上，在它和其他公社接触的少数地点出现的。"在《资本论》中他也表达过相同的观点。原始社会是公有制，这一点马克思怎会不清楚呢？

其次，马克思讲作为流通前提的"私有权"，也不是指生产资料私有权。比如他在《资本论》第一卷中说："商品不能自己到市场去，不能自己去交换。因此，我们必须找寻它的监护人，商品所有者。"而且还说："商品是物，为了使这些物作为商品发生关系，必须彼此承认对方是私有者。"显然，马克思这里讲的"私有"并非生产资料私有而是产品私有。

想深一层，生产资料私有与产品私有的确不是一回事。以英国的土地为例。土地作为重要的生产资料，英国法律规定土地归皇家所有，但土地上的房屋（产品）却可归居民私有。正因如此，所以房屋才可作为商品用于交换。这是说，产品能否交换与生产资料所有权无关，关键在产品是否私有。只要产品私有，生产资料无论归谁，产品皆可交换。

以上分析若成立，我们便可讨论第二个问题：公有制基础上何以产生交换。前面说，商品交换的前提是产品私有。照此推理，公有制基础上的商品交换也同样要求产品私有。困难在于，生产资料公有，产品怎样才能私有呢？要说清这个问题，我们需要引入经济学的"产权"概念。

经济学说：产权不同于所有权，所有权是指财产的法定归属权；产权则是指财产的使用权、收益权与转让权。所有权与产权分离的典型例子是银行。银行的信贷资金来自储户，从所有权看，信贷资金归储户所有；可银行通过支付利息从储户那里取得信贷资金产权后，资金如何使用，收益如何分享以及呆坏账如何处置，银行皆可独自决定。可见，信贷资金的所有权与产权是可以分离的。

也许有人问，所有权与产权分离怎能证明生产资料公有而产品可以私有呢？我的回答，产权的最终体现是产品占有权。所谓界定产权，说到底就是界定产品所有权。以农村改革为例，当初将集体土地的产权承包给了农民，于是交足国家的、留足集体的，剩下的就是农民的。再比如国企，国企的厂房、设备等生产资料归国家所有，而企业之所以能将产品用于交换，也是因为国家将产权委托给了企业，让企业拥有了产品的所有权。

也许有人还会问，农村土地承包后产品归农民私有，可国有企业产品归全体职工所有怎能说私有呢？这正是本文要讨论的第三个问题。事实上，当年马克思讲"产品私有"并非指某人独自占有，而是说产品要有不同占有主体。占有主体可以是一个人，也可以是一群人。比如原始社会部落间的交换，占有主体就不是部落首领，而是部落的全体成员；合伙制企业的产品私有，也非某人独自占有，而是合伙人一起占有。

综上分析可见：第一，商品交换的前提不是生产资料私有，而是产品私有；第二，所有权不同于产权，两者可以分离；第三，产品是否私有与生产资料所有权无关，关键在产权如何界定。基于此我的结论是：只要改革公有制实现形式，将财产所有权与产权分离，明确界定产品所有权，在社会主义公有制基础上可以发展市场经济。

二、使市场在资源配置中起决定作用，逻辑前提是改革价格形成机制，让供求决定价格、价格调节供求，并同时开放要素市场

关于市场在资源配置中的作用，中央之前的提法是发挥"基础性调节作用"。顾名思义，所谓"基础性调节"是一种"覆盖性"调节，当年亚当·斯密有个形象的比喻，说资源配置有两只手：政府有形的手与市场无形的手。而且斯密认为，资源配置应首先用无形的手，只有那些市场覆盖不到的地方才需政府拾遗补缺，用有形的手去调节。

亚当·斯密讲得明白，可 20 世纪 30 年代国际上还是发生了一场大论战。当苏联第一个计划经济国家建成后，许多学者为计划经济大唱赞歌，可奥地利经济学家米塞斯 1920 年发表了《论社会主义计算经济》一文，指出资源的优化配置不可能通过"计划"实现。他的观点后来遭到兰格等人的批评，而哈耶克却是坚定的捍卫者，并直言不讳地宣称，计划经济是一条通往奴役之路。

1937 年是一个重要节点。美国经济学家科斯发表那篇大名的《企业的性质》，其分析独具匠心。科斯说：资源配置在企业内部是计划；在企业外部是市场。于是科斯问：如果计划一定比市场有效，可为何没有哪家企业扩张成一个国家？相反，若市场一定比计划有效，那人类社会为何会有企业存在？由此科斯得出结论：计划与市场各有所长，互不替代，两者的分工决定于交易费用。

"交易费用"人们今天耳熟能详，这里无需再解释。科斯的意思是，资源配置用"计划"还是用"市场"，就看何者交易费用低。若计划配置比市场配置交易费用低，就用计划配置；否则就用市场配置。逻辑上，科斯这样讲应该没错；可困难在于，交易费用是事后才知道的结果，事前难以预知计划与市场谁的交易费用低，既然不知，我们又如何在两者间作选择呢？

骤然听是棘手的问题，不过仔细想，我们对交易费用并非全然无知。至少有一点可肯定，但凡市场失灵的领域，计划配置的交易费用就要比市场配置低。比如"公共品"，由于公共品消费不排他，供求起不了作用。经验说，此时公共品若由市场配置，交易费用会远比计划配置高。

让我举灯塔的例子作解释：灯塔属于典型的公共品，显然，灯塔若由市场配置会有两个困难：一是难定价。由于灯塔消费不排他（你享用不妨碍我享用）；且不论多少人同时享用也不改变建造灯塔的成本，故市场无法给灯塔服务定价；另一困难，也是由于灯塔消费不排他，过往船只中谁享用或谁没享用灯塔服务无法辨别，于是给灯塔的主人收费造成了困难，若是强收，势必引发冲突。

可见，无论是定价还是收费，由市场配置灯塔皆会产生额外的交易费用，这也是为何古今中外灯塔要由政府提供的原因。与灯塔类似，诸如国家安全、社会公正、助弱扶贫等也都具有公共品属性，考虑到节省交易费用，此类项目也应由政府配置。中央强调"更好发挥政府作用"，我理解，就是指在上述领域政府应当仁不让，承担起自己的责任。

是的，由于公共品（服务）不同于一般竞争品，它只能由政府配置。反过来，非公共品即一般竞争性资源的配置，就要交给市场。当然，这么做并不是市场配置无交易费用，交易费用仍然有，但相对政府配置会低很多。用不着多举例，想想从前的计划分房吧，今天为何要用货币购房取代计划分房？重要一点，就是以往计划分房的交易费用太高。

党的十八届三中全会提出"使市场在资源配置中起决定性作用"，何为决定性作用？学界有多种理解，而我认为有三个重点：第一个重点是市场决定价格，准确地讲是供求决定价格。不然价格脱离了供求，资源配置必方寸大乱。可令人遗憾的是，时下却有不少人坚持政府要管制价格，认为不如此就无法照顾穷人。其实这看法似是而非，政府照顾穷人可给穷人补贴而未必要管制价格；管制价格只会适得其反，令短缺商品更短缺。

我所想到的第二个重点，是由价格调节供求。事实上，价格调节供求的过程就是结构调整的过程。比如某商品价格上涨，表明供应短缺，受价格指引企业会多生产；某商品价格下跌表明过剩，企业会少生产。这样看，生产什么或生产多少要由企业作主，政府不能指手画脚。要知道，政府并不知未来怎样的结构是好结构，官员也不会比企业家更懂市场。

另外再一个重点，是要素市场的开放。让价格引导资源配置，生产要素当然要能自由流动。试想，假若要素市场被固化，资本不能在行业间流动，价格又何以引导资源配置？那样市场的决定作用岂不被架空了？近几年企业界呼声四起，纷纷要求放宽行业准入；中央也曾三令五申，可惜至今仍未能落实到位。我的建议，政府与其反复发文还不如明确规定：今后除了国家安全与自然垄断行业，其他行业进入一律无需行政审批。

三、更好发挥政府作用，逻辑前提是政府要立足于弥补市场失灵，既要维护好国家安全与社会公正；同时要调节收入差距，防止两极分化

中央为何强调更好发挥政府作用？用一句话回答，是因为市场会失灵。自亚当·斯密 1776 年出版《国富论》后的一百多年里，人们对自由市场一直推崇备至。可不曾想，20世纪初地球上出现了第一个计划经济体，跟着30年代西方又发生了经济大萧条，这两件事不得不让人们对市场进行反思。1936年凯恩斯《通论》的出版，更是彻底动摇了人们的"市场信念"，很少再有人相信"市场万能"的神话。

市场并非万能，这一点今天经济学家大多都认同。目前大家的分歧，是市场为何会失灵？我所看到的经济学教科书对此有三点解释：一是信息不充分（或不对称）；二是经济活动存在外部性；三是社会需要提供公共品（服务）。实话说，我不完全同意以上解释，至少我认为信息不充分与外部性不是市场失灵的原因，公共品会令市场失灵，但除了公共品，市场失灵还另有更深层的原因。

经济学家大费周章地证明市场失灵，其实是想说明政府的存在不可或缺；或者政府可以弥补市场缺陷。也正因如此，所以我不赞成将信息不充分（或不对称）作为市场失灵的原因。理由简单，因为在信息不充分的情况下政府也会失灵。我是经历过计划经济的，大学时期总听教授讲"计划经济是全国一盘棋"，可那时的重复建设却触目惊心。何故？请教过教授，教授说是由于政府信息不充分。

这就是了，既然信息不充分政府也失灵，我们怎能指望政府为市场纠错呢？事实上，在信息不充分的情况下，资源由市场配置比计划配置的代价要小得多。恰恰是由于信息不充分，资源配置才需要通过市场试错，若信息是充分（或者对称）的，资源就可由政府配置，用不着市场。从这个角度看，我们不能把市场失灵归咎于信息不充分。

再看经济的外部性。不能否认，许多经济活动会有外部性，造纸工厂排放废水废气给周边造成污染，就是经济的负外部性。问题是，经济有负外部性市场就一定失灵么？上世纪60年代前经济学家大多是这样看，其中最具代表性的经济学家是庇古，他对解决负外部性提出的方案是，先由政府向排污企业征税，然后补偿给居民。此主张曾一度成为政府解决负外部性的经典方案。

当然也有学者不赞成庇古。1960年，科斯发表了《社会成本问题》一文，他在该文中指出，由于企业私人成本与社会成本分离，企业只承担私人成本而不承担污染所造成的社会成本，所以经济活动才出现负外部性。于是科斯指出：只要交易成本为零，产权界定清晰，市场就能将社会成本内化企业成本，从而解决负外部性问题。以上面的企业污染为例，政府若对企业的排放权予以限制，赋予居民不受污染的权力，通过污染物排放权的交易一样可解决污染，市场不会失灵。

让我们再看第三个原因，即公共品（服务）。经济学说，公共品有两个显著特点：一是消费不排他，二是公共品的消费增加而成本却不增加，因而不存在边际成本。我们知道，灯塔是典型的公共品，1848 年穆勒在《政治经济学原理》中就是以灯塔为例解释市场失灵。他写道："虽然海中船只都能从灯塔的指引中获益，但要向他们收费却办不到。除非政府强制收税，否则灯塔会因无利可图而无人建造。"

穆勒之后，公共品会导致市场失灵已成共识。可 1974 年科斯针对穆勒发表了《经济学的灯塔》，于是争论再起。科斯说，只要授权灯塔提供者可以向过往船只收费，市场就会有人提供灯塔。不过他的这一观点并未得到学界认同。萨缪尔森曾坦言，即便给灯塔提供者授权，收费也照样困难：由于对灯塔消费增加而成本不增加，灯塔服务无法定价；同时由于消费不排他，过往船只是否消费了灯塔难以判别，因而也无法收费。

萨缪尔森的分析是对的。想深一层，政府若授权灯塔提供者收费，可正如萨缪尔森所说，灯塔服务没有边际成本，怎保证灯塔提供者不漫天要价？此其一；其二，退一步讲，即使灯塔服务能够合理定价，但如果有船主说他凭借经验就可安全通行，用不着看灯塔，灯塔提供者凭啥向他收费？这样看，有公共品存在市场必失灵无疑。

前面我说，市场失灵不单因为存在公共品，除了公共品还有更深层的原因。这原因是什么呢？我认为是市场的分配机制。这并不是我的新发现，当年马克思在分析资本积累趋势时就讲过。马克思说，资本主义市场分配呈现为两极：一极是资本家阶级的财富积累；一极是无产阶级的贫困积累。而且马克思推断说，这种两极分化的结果必发展为两个阶级的冲突，最后剥夺者一定会被剥夺。读者想想，这不是市场失灵是什么？

也许有人会说，马克思分析的是资本主义的市场分配，社会主义的市场分配不会两极分化。我不赞成这种看法。众所周知，市场分配的基本规则是"按要素分配"，只要要素占有或人们禀赋存在差别，收入分配就一定会出现差距，若差距过大就一定会产生社会矛盾。这是说，社会主义与资本主义的不同并不在于市场会否失灵，而在于政府能否主动调节并缩小收入差距。

将市场分配形成的过大收入差距看作市场失灵，理论上不应该错。中央正在实施扶贫攻坚战略，是希望在 2020 年前决胜全面建成小康社会；而另一目的，也是为了弥补市场分配机制的缺陷。有一个事实值得我们思考，以往计划经济时期人们的收入差距其实并不大，可为何搞市场经济后收入差距就逐步拉大了？原因无疑有多方面，但我认为主要是与市场分配机制有关。

市场失灵需要政府发挥作用，那么政府的作用具体有哪些呢？经济学家通常认为政府职能有四项：国家安全、社会公正、提供公共品（服务）与助弱扶贫。若从弥补市场失灵看，我认为政府职能可归结于两个大的方面：一是维护国家安全与社会公正；二是调节收入分配差距，防止两极分化。

四、政府可以用产业政策调节资源配置，逻辑前提是对产业政策的调控范围和政策优惠要有严格限定，同时产业政策制定必须尊重市场规律

政府对资源配置发挥作用的手段之一是产业政策，产业政策在欧美国家已广泛采用，日本曾被认为是世界上实施产业政策最为成功的国家。上世纪 90 年代，我国也开始制定产业政策。平心而论，近 20 年产业政策对经济发展有利也有弊。然而令人不解的是，学界对产业政策之"利"讨论非常多；而对"弊"却很少提及。可是不提及不等于不存在，这里就来说说"弊"吧。

从现象观察，有一点可以肯定，时下产能过剩与之前的产业政策有关。请注意两个时间节点：第一个节点是"九五"时期，国务院最早于 1989 年颁布《中国产业政策大纲》，1994年国家又颁布《90 年代国家产业政策纲要》，而产业政策列入"五年规划"则是从"九五"开始。"九五"时期，当时产业规划提出要振兴煤炭、钢铁、汽车、建材等产业，可出人意料的是，到"十五"（2001—2005 年）就出现过剩。有据可查，2005 年商务部的数据显示，当年工业品库存同比增长 19%，而其中以钢铁、汽车、电解铝等尤甚。

另一个节点是"十一五"。2009 年，国家颁布《十大重点

产业调整与振兴规划》，旨在支持钢铁、汽车、船舶、石化、纺织、轻工、有色金属、装备制造、电子信息以及物流业。结果呢，到 2012 年钢铁产能过剩很快扩散为整个制造业过剩。据官方数据，目前能源、化工、橡塑、有色、钢铁、纺织、建材等 500 多个产品，有九成销售率低于 80％，超过一半销售率低于 70％。更让人深思的是，2013 年发布的《国务院关于化解产能严重过剩矛盾的指导意见》中，所涉产业几乎都在 2009 年欲振兴的范围之内。

有一种观点，说产业政策虽会导致产能过剩，但对调结构却有立竿见影的效果。理论上是这样，可事实上却未必如此。由于"九五"时期支持的产业"十五"时期出现了过剩，为了调结构从"十五"开始国家出台一系列产业抑制政策。令行禁止，照理过剩产能应该有所收缩，可实际情况却是雪上加斤，不仅原有的过剩产能没消化，而且越抑制越过剩。让我们再看三个节点：

第一个节点是"十五"。早在 2001 年国家就开始对钢铁"总量控制"，但 2002 年底，钢铁投资总额达 710 亿元，比上年增长 45.9％；2004 年投资增幅高达 107％；到 2005 年底，我国炼钢生产能力已达 4.7 亿吨，另外在建和拟建产能约 1.5 亿吨，而市场需求只有 3 亿吨。

第二个节点是"十一五"。2005 年底，针对"十五"产能过剩，国务院常务会议专题部署，并于 2006 年初发布了《国务院关于加快推进产能过剩行业结构调整的通知》，要求要通过提高准入门槛、严格审批等控制新上项目，然而这一时期新增投资重点依次是有色金属、煤炭、化工、水泥等。2005—2008 年，这些行业投资的平均增速在 30% 以上，其中煤炭与电气超过 40%，相当于同期 GDP 增速的 3 倍。

第三个节点是"十二五"。到"十一五"末，由于国内产能过剩愈加严重，于是国家发改委联合十部门制订了《关于抑制部分行业产能过剩和重复建设引导产业健康发展的若干意见》，手段之严厉前所未有。可到 2012 年，钢铁产能超过了 10 亿吨；水泥增至 22 亿吨，平板玻璃从 6.5 亿重量箱增至 9.9 亿重量箱，多晶硅从 2 万吨增至 15 万吨，电解铝从 1800 万吨增至 2600 万吨。

这现象是不是很奇怪？往深处想其实也不奇怪。产业政策所以难达目标，一是全球化后市场需求瞬息万变，产业政策跟不上市场变化；二是受利益驱动，地方政府对国家产业政策鼓励的行业纷纷给予优惠；而对要抑制的产业却消极应付，甚至暗地里予以保护。有地方政府庇护，产业政策当然会失灵。

由此看，要提升产业政策效果，对现行产业政策的调节方式与范围必须调整。习近平总书记在党的十九大报告中指出，要以供给侧结构性改革为主线，推动经济发展质量变革、效率变革、动力变革，提高全要素生产率。习近平总书记强调的供给侧结构性改革，其核心要义是通过改革资源配置的体制机制调结构。具体结合现行产业政策，我想到的改进建议有三条：

建议一，严格限定产业政策的调控范围。经验说，市场离不开政府调控，而政府要发挥作用，产业政策不可或缺。但要注意的是，产业政策不能太泛。具体讲，今后政府应重点针对"国家安全、自然垄断、公共品（服务）以及高新技术"等四大领域制定产业政策，对一般竞争性行业，应放手让市场起决定性作用，国家无需再搞产业政策。

建议二，产业政策既要体现政府的导向，但同时要限制政策优惠。是的，产业政策体现的是中央政府的意图，但中央政府的意图应主要通过财政投资去实现，而不是让企业吃偏饭。优惠政策不仅会妨碍公平竞争，而且地方政府为争取中央政府的优惠往往会鼓动当地企业一哄而起。

建议三，产业政策实施要充分尊重市场规律，尽可能少用或不用行政手段。比如对高能耗、高污染企业关停并转虽然见效快，但行政调控一刀切，无论投资者蚀本还是职工下岗皆会对政府产生对抗情绪，处置不当还会引发社会震荡。若改用市场机制，如通过碳排权交易也一样可以减排。效果异曲同工，可成本却大不同。

另外，为了抑制地方政府投资冲动，我认为还有个釜底抽薪的办法，就是将消费税作为地方主体税。消费税在消费地征收，今后地方要增加税收重点在培育消费力而不是上项目；另外为理顺产业结构，中央政府应对价格管制作清理。要知道，价格是市场供求信号，能放开的价格不放开，信号失真调结构难免南辕北辙。

五、政府推动改革要明确顶层设计与地方试验的边界，逻辑前提是具有正外部性的改革可由地方试验，具有负外部性的改革必须由中央顶层设计

发挥政府推动改革的作用，有一个问题要研究，那就是如何处理中央政府与地方政府的分工，或者说怎样界定顶层设计与地方试验的边界。顶层设计虽然是近几年才流行的说法，但这并不是说以往改革就无顶层设计。邓小平是中国改革的总设计师，表明我们的改革早有顶层设计，不仅从前有，而且一直有。既如此，可为何今天要突出强调顶层设计呢？用不着去猜背后的原因，我的解释，是今天改革已进入到深水区，我们不可能也不应该再像以往那样摸着石头过河。风险在加大，若无顶层设计，零打碎敲，改革将难以向纵深展开。

中国的改革一直有顶层设计，不过客观地看，过去的诸多改革主要还是靠"地方试验"。所谓"突破在地方，规范在中央"，是对已往三十多年改革路径的基本总结。典型的例子是农村改革，当年的家庭联产承包可不是由顶层设计出来的，而是地道的农民创造。国企改革也如是，政府最初的思路是复制农村承包，以为"包"字进城，一"包"就灵，可实际做起来却事与愿违，企业出现了普遍的短视行为。国企改革真正取得突破，是山东诸城的"股份合作制"试验。

是的，中国的改革能取得骄人的成绩，与地方试验密不可分。换句话说，若没有这些年地方改革的各显神通，就不会有今天的局面。于是人们要问：现在强调顶层设计是否意味着我们的改革已经到了"主要由地方试验"向"主要靠顶层设计"的转折点呢？若果是，那么促成这一转换的约束条件是什么？再有，如果说未来改革主要靠顶层设计，那么哪些方面的改革由顶层设计，而哪些方面的改革仍应鼓励地方试验？

是亟待回答的问题。我的看法：顶层设计与地方试验两者并无冲突，可以并行不悖。改革需要顶层设计，但同时也需要地方试验。理由简单，顶层设计不是拍脑袋，要以地方试验作支撑，若无地方试验，顶层设计则无异于空中建塔，没有根基设计是难以落地的。同理，地方试验也不可包打天下，有些改革仅靠地方试验难以成事，如当初计划体制向市场体制转轨，要是没有中央的顶层设计，靠地方的局部试验怕是无能为力吧？

改革呼唤顶层设计，改革也离不开地方试验，可顶层设计与地方试验到底怎样分工？从理论上讲，其实就是如何处理"计划与市场"的关系。经济学说，计划与市场的边界取决于交易费用：若计划配置的交易费用比市场配置低就用计划，否则就用市场。同理，改革选择顶层设计还是选择地方试验，归根到底也是要看交易费用。然而困难在于，交易费用难以计量，我们无法直接用交易费用作比对。

不能直接拿交易费用比较，是否可用其他办法？间接的办法当然有，至少有两个角度，一是改革的"外部性"。比如说，若某项改革不仅让内部人受益，而且也能让外部人受益，则此改革具有"正外部性"，这样内外受益，皆大欢喜，交易费用自然不会高，于是也就可放手让地方试验；相反，若某项改革只是内部人受益而外部人受损，此改革则有"负外部性"。有"负外部性"的改革，就不宜由地方试验而要通过顶层设计，否则一旦出现利益冲突，交易费用会大增。

这是一个角度，另一个角度，即是从利益的分配状态看。改革本身就是利益的再调整，在经济学里，利益配置是否最优通常是以"帕累托最优状态"衡量。而所谓"帕累托最优"，是说利益分配达到这样一个状态，不减少一人的利益就无以增加另一人的利益。若非如此，不减少任何人的利益就能增加另一人的利益则属"帕累托改进"。由此，我的推论是：凡属"帕累托改进"的改革，可由地方试验；而要打破原有"帕累托最优状态"的改革，则需顶层设计。

以上角度虽不同，但结论却一致。若说得更明确些，但凡让他人利益受损的改革，均得通过顶层设计，不然不协调好各方利益必产生摩擦，改革就会举步维艰。回首以往的改革，农村改革之所以在地方试验成功，重要的原因是联产承包让农民受益而未让城里人受损，没有负外部性，是"帕累托改进"。

而这些年政府机构改革之所以阻力重重，是由于有人受益而同时有人（那些被精简的人员）受损。也正因如此，所以政府改革需顶层设计。

有了上面的原则，其他改革便可依此类推。跟下来的问题，是怎样理解顶层设计。我的看法，顶层设计是指"中央层面设计"而非"上级设计"。相对乡党委（乡政府），县委（县政府）是上级；相对县委（县政府），市委（市政府）是上级。显然，一旦改革有负外部性，地方政府很难协调平衡。想想碳排放吧，大家都赞成"限排"，可如果没有中央的顶层设计，一个县、一个市怎会主动"限排"？万一你"限排"别人不"限排"怎么办？再有，地方政府追求利税最大化皆有投资冲动，请问"限排"的动力从何而来？

推进供给侧结构性改革也是扩内需 *

近年来我国经济面临下行压力，最近美国对部分中国商品加征关税，发动了迄今为止经济史上规模最大的贸易战，央行宣布定向降准释放约 7000 亿流动性。在这样的背景下，有人认为政府未来的政策重心应从供给侧转向需求侧，并将扩大内需作为主基调。我认为，中国经济保持持续健康发展需要扩大内需，但扩大内需绝不能动摇供给侧结构性改革。要清醒地认识到，推进供给侧结构性改革也是扩大内需，而且是积极的扩大内需。

一、供给侧结构性改革是从供给侧扩大内需的中国方案

在 2015 年 11 月 10 日召开的中央财经领导小组第十一次

---

* 本文发表于《经济日报》2018 年 7 月 12 日。

会议上，习近平总书记首次提出了供给侧结构性改革。党的十九大报告指出，深化供给侧结构性改革。把发展经济的着力点放在实体经济上，把提高供给体系质量作为主攻方向，显著增强我国经济质量优势。由此可见，供给侧结构性改革的核心要义，是政府管理经济的重心应从原来的需求侧转向供给侧。

学界长期以来存在一种误解，认为扩大内需只能从需求侧着手。事实上，从供给侧也可以扩大内需。若生产过剩是由于总需求不足引起的，当然要从需求侧扩内需；但若生产过剩是由结构性问题所致，那么就应从供给侧扩内需。当前我国面临的主要问题是结构性矛盾：一方面生产成本上升，人口红利逐渐消失，劳动力、土地、能源等要素价格上涨，生态资源和环境承载能力已经达到或接近上限；另一方面，产业升级缓慢，过剩产能累积，需求外溢严重。习近平总书记明确指出，在"三期叠加"的大背景下，影响经济增长的突出问题有总量问题，但结构性问题更为突出。问题变了，解决问题的思路也要变，从需求侧扩大内需虽能实现总量平衡，却解决不了结构性矛盾。只有从供给侧扩大内需，才能实现由低水平供需平衡向高水平供需平衡跃升。

回溯经济学发展史，不同时代的经济学家，对政府管理经济的看法是不同的。1803年，萨伊在《政治经济学概论》中提出了"供给自动创造需求"的原理，这一原理被称为"萨伊定律"，其理论立足点无疑是在供给侧。在萨伊看来，有供给就一定有需求，市场能够自动出清。可是 1929 年至 1933 年西方经济发生大萧条，令"萨伊定律"不攻自破。1936 年，凯恩斯用所谓"边际消费倾向递减、资本边际收益递减和流动性偏好"等三大心理规律，论证了经济萧条的原因是社会有效需求不足，并提出政府要通过刺激投资和消费扩大有效需求。从此，政府管理经济的重心从供给侧转向了需求侧。

然而时过境迁，凯恩斯的立论基础今天已经不存在了。比如"边际消费倾向递减规律"认为，当人们收入增加时消费也会增加，但消费增加却赶不上收入增加，这样使新增消费在新增收入中的占比不断下降。可二战后随着消费信贷的兴起，欧美国家居民储蓄率急剧下降，说明消费倾向递减只是一定经济发展阶段的规律，并非永恒不变的规律。再比如"流动性偏好"，凯恩斯说由于人们有保持现金的偏好，政府不能通过调低银行利率的办法刺激投资，否则会陷入流动性陷阱。而我们今天看到的事实是，信用卡消费风靡全球，手机移动支付越来越普遍，大多消费者不再有流动性偏好。

上世纪 70 年代西方经济陷入"滞胀"后，凯恩斯理论更是受到广泛质疑。为摆脱"滞胀"，供给学派应运而生并一度成为美国的国策，政府管理经济的重心从需求侧又回到了供给侧。从政策取向看，供给学派与凯恩斯主义其实并无大异。供给学派也主张刺激投资，不过办法是从供给侧减税。里根主政时期曾大量削减政府开支，降低个人所得税和企业利润税。从实际效果看，减税虽然降低了企业成本，短期内也确实拉动了经济，但并没有解决美国的生产过剩问题，相反却加剧了结构性矛盾。

习近平总书记提出的"供给侧结构性改革"立足于供给侧扩大内需，既不同于凯恩斯的需求管理理论，也不同于西方供给学派，更不是对"萨伊定律"的回归，而是基于我国经济发展实践，综合研判全球经济大势和我国经济发展新常态作出的重大战略抉择，是马克思主义政治经济学中国化的重大理论创新成果，是保持经济持续健康发展的中国智慧与中国方案。

二、从供给侧扩大内需要立足当前、着眼长远

坚持从供给侧扩大内需，必须处理好近期任务与长期目标的关系。从近期看要重点解决好当前面临的供求结构性矛盾，激活国内需求潜力；从长期看则是建立从供给侧持续扩大国内需求的长效机制。习近平总书记强调指出，要立足当前、着眼长远，从化解当前突出矛盾入手，从构建长效体制机制、重塑中长期经济增长动力着眼，既要在战略上坚持持久战，又要在战术上打好歼灭战。

从供给侧扩大内需，当前就是要坚定不移地落实"三去一降一补"，减少低端和无效供给，扩大有效和中高端供给，用更有效的供给满足消费者需求。可是目前有一种观点，认为"三去一降一补"只是供给侧的存量调整，与扩大内需没有关

系。这种观点显然是片面的。事实上，中央要求"去产能、去库存"，就是为了给有效供给腾空间，就是在调整国内的供求矛盾；"去杠杆、降成本"，目的是提高企业竞争力，为满足国内需求提供更多物美价廉的商品；而"补短板"则是为了实行进口替代，将消费者的国外需求转化为国内需求。

需要特别指出的是，经过近几年的改革，"三去一降一补"虽已取得阶段性成效，整体经济运行质量和效果已得到显著提升，但这并不等于供给侧结构性改革已经大功告成，更不能由此产生歇气松懈的思想。应该看到，供给不适应需求的问题还依然存在，在某些产业或行业甚至还比较严重，我们要按照中央的要求和部署，在战术上继续打歼灭战。同时，还要注意将近期任务与长期目标保持衔接，要把改进当前供给质量与建立合理的供给体系结合起来，在战略上坚持打持久战。

在战略上坚持打持久战，总体思路是加快完善社会主义市场经济体制，要以完善产权制度和要素市场化配置为重点，实行产权有效激励、要素自由流动、价格反应灵活、竞争公平有序、企业优胜劣汰，最终形成从供给侧持续扩大内需的体制机制，使我国的供给结构和供给能力更好地满足人民群众不断升级的需求，从体制机制上解决供求脱节问题。

具体在操作层面，要推动四个方面的改革：一是加快要素价格市场化改革，完善市场监管体制，用市场价格信号引导资源优化配置；二是完善国有资产管理体制，改革国有资本授权经营体制，强化企业的市场需求导向；三是完善促进消费的体制机制，增强消费拉动国内需求的作用；四是深化投融资体制改革，通过优化投资结构优化供给结构，进一步提高供给适应需求变化的灵活性。

三、改进供给是立足供给侧扩大内需的关键所在

供求总量平衡和结构平衡，是保持经济持续健康发展的必然要求。关于供给与需求的关系，习近平总书记指出："二者你离不开我、我离不开你，相互依存、互为条件。没有需求，供给就无从实现，新的需求可以催生新的供给；没有供给，需求就无法满足，新的供给可以创造新的需求。"这段话讲得很清楚，扩大需求可以拉动供给，而改善供给、创造供给也可以扩大需求。

马克思曾经说过："供给本身就是对具有一定价值的一定产品的需求。"这句话的意思不难理解，商品交换是不同使用价值的交换，商品生产者之所以出卖自己的商品，目的是为了购买别人的商品，既然大家都是"为买而卖"，有供给当然就有需求。从收入与消费之间的关系看，人们的消费水平要由收入水平决定。如果一个企业有效供给增加，企业利润和员工收入会相应增加，人们收入增加无疑会带动消费需求增加。由此可见，从供给侧扩大内需，关键是要不断改进供给，不断创造出新的供给。

坚定不移地推进供给侧结构性改革，立足于供给侧扩大内需，其意义至少体现在以下三方面：

其一，改进供给可以更好地满足国内需求。党的十九大报告指出，中国特色社会主义进入新时代，我国社会主要矛盾已经转化为人民日益增长的美好生活需要和不平衡不充分的发展之间的矛盾。随着我国经济实力不断提升，居民收入迅速增长，对优质商品和服务的需求日益强烈，可由于目前国内的供给质量无法满足人民群众日益增长的需求，导致大量国内消费需求转向出境购物和"海淘"上，而国内本土产品却严重滞销。再如，我们一方面从国外进口大量机械设备，而国内生产的机械设备却严重积压。事实证明，我国不是需求不足或没有需求，而是需求变了，供给的产品却没有变，质量、服务跟不上。要改进国内供给质量和水平，就必须坚持供给侧结构性改革，当务之急是要通过优化生产要素配置，提高生产要素利用水平，促进全要素生产率提高，不断增强经济增长内生动力。此外，还要通过调整和优化供给结构，从根本上解决供给与需求错位问题，只有供给结构合理且产品质量优良，才能真正满足国内消费者的需求。

其二，改进供给服务可以引导需求、扩大需求。大量事实证明，消费需求是可以引导的。以国内新能源汽车为例，早些年消费者对新能源汽车并不看好，一个重要原因是充电桩等服务设施不配套。随着服务设施的完善，加上政府相关政策的引导，去年以来国内新能源汽车销售纪录不断被刷新。再比如，电子商务平台和物流业的迅猛发展，打破了实体店营业时间、店面位置的限制，为消费者提供了全天候、全方位、价格更优的购物体验。现在"网购"不仅在城市风靡，在广大农村地区也成为了一种时尚。据有关研究机构的数据显示，2015年中国移动购物用户为 3.64 亿，而到 2017 年底已达 5.27 亿。

其三，创造新的供给可以创造新的需求。当人们的基本需求满足后，新的供给一旦出现就会带动产生新的需求。当今时代，社会化大生产的突出特点，就是供给侧一旦实现了成功的颠覆性创新，市场就会以波澜壮阔的交易生成进行回应。事实确实如此。工业革命前，人们主要是靠坐马车出行，而今天不仅可以坐火车还可以坐飞机。30 年前手机还没有问世，人们对手机没有需求。自从"大哥大"出现后，新的需求和产业链被创造出来，拥有智能手机的人数越来越庞大。放眼全球，通过创造供给不断创造新的需求，是经济发达国家的普遍做法，也是值得我们借鉴的重要经验。

责任编辑：曹　春

封面设计：木　辛

图书在版编目（CIP）数据

经济学分析／王东京　著．—北京：人民出版社，2019.1

ISBN 978－7－01－020223－5

I.①经⋯　II.①王⋯　III.①中国经济－经济分析　IV.①F12

中国版本图书馆 CIP 数据核字（2018）第 289402 号

经济学分析

JINGJIXUE FENXI

王东京　著

人民出版社 出版发行

（100706　北京市东城区隆福寺街 99 号）

北京盛通印刷股份有限公司印刷　新华书店经销

2019 年 1 月第 1 版　2019 年 1 月北京第 1 次印刷

开本：710 毫米 ×1000 毫米 1/16　印张：19.75

字数：188 千字

ISBN 978－7－01－020223－5　定价：68.00 元

邮购地址 100706　北京市东城区隆福寺街 99 号

人民东方图书销售中心　电话（010）65250042　65289539